Bobbi Brown

# LIVING BEAUTY

Bobbi Brown

# LIVING BEAUTY

ランダムハウス講談社

# BOBBI BROWN **LIVING BEAUTY**

ボビイ ブラウン　リビング ビューティー

2008年3月25日　第1刷発行

著　者　ボビイ・ブラウン、マリ・クレール・カティグバック-シリック
訳　者　高梨明美
翻訳協力　㈱アイディ
監修者　ボビイ ブラウン　プロフェッショナル　コスメティックス株式会社
装　丁・本文デザイン　高橋真美

発行者　武田雄二
発行所　株式会社ランダムハウス講談社
〒162-0814　東京都新宿区新小川町 9-25
電話 03-5225-1610（代表）
http://www.randomhouse-kodansha.co.jp

印刷・製本　大日本印刷株式会社

定価はカバーに表示してあります。
乱丁・落丁本は、お手数ですが小社までお送りください。
送料小社負担によりお取り替えいたします。

ISBN978-4-270-00300-8

いつも人生を明るくしてくれる我が家の男たち、
かけがえのないパートナー、スティーブンと
愛するディラン、ダコタ、デュークへ。

# 目次

# 序文
## デブラ・ウィンガー　2006年ニューヨークにて

「優雅に年齢を重ねる」女性について何か書くとなると、私はいつもためらってしまいます。その言葉だけを聞くと、階段を下りながら、踊り場に来るたびに優雅に手を振って立ち止まっているような響きがあるからです。下るという言葉には、何か嫌なイメージがあります。

私にとってエイジング（年齢を重ねること）は、むしろ上昇だと感じています。私はその進行形の響きが好きです。いきいきした素晴らしいプロセス、成長しながら近づいていく過程を表わす言葉なのです。では、どこに「近づいていく」のでしょうか。私は「本質」だと思っています。最初からそこにあり、最後までそこにあるもの。私たちは長い時間を費やして、年齢をごまかしたり、隠したり、また、若く見せる努力もしますが、たいていは現実の通り……変化を隠すことはできないのです。

私はここ10年、整形手術を選んだ人についてとやかく言わないようにしています。公平な判断をするほどの知識がないからです。その出来映えに驚くこともありますが、何が変わったのかよく分からないこともあります。むしろ、私にとって本当に興味があるのは、謎に包まれたエイジングのプロセスです。子供の頃、誰かに言われたことがありました。年齢を重ねたら、それまで生きてきた通りの人になるのだと。私の祖母は美しい肌の持ち主でしたが、本人が微笑みだと称していた険しい表情が消えない人でした。その険しさが、祖母の顔に大きく影響していました。また、70歳過ぎにはとても見えなかった私の母は、目元に、相手をすぐに魅了してしまう輝きをたたえていました。

外国へ旅行して新しい文化に出会って帰ってくると、いかにアメリカ人の文化が、一般市民の暮らしや生まれつき備わっている美しさとかけ離れた、マスコミ主導のものだったのかと驚きます。誰もがその意見に賛成するとは思いませんが、エンターテインメントの中に現実的なシワの入り込む余地はないと言っても差し支えないでしょう。アメリカは、シワもシミも、年齢が刻む歴史も、なくしてしまうことにかけては――他国の歴史を気にしないことも含めて――得意なのです。私は、人の目を気にしなくてもいい状態が一番落ち着きます。本当は、人の目を気にすることなど無駄なのです。若いときのさまざまな経験から「視覚」について分かったことは、他人の目に自分がどのように映っているのかを知ることはできないというものでした。鏡の中を見つめているのは自分の意識と鑑識眼だからです。鏡を見つめるということは、自分を思いやる一つの手段――ご存じの通り、それは他人を思いやることにつながる第一ステップ――でしかありません。

デブラ・ウィンガー

人生のときどきで起こったことのすべてを表現することは、難しいと思います。悲しい顔は、人の心を動かしてむしろ美しく見えるかもしれません。また、幸せは外から見えるものではなく、心に伝わるものです。ますますこれを難しくしているのがアメリカの映画産業で、年齢にかかわらずシワがなく表情の少ない女性を演出すると、皮肉なことに、脅していないのに怖く見えます。ただし、それは私たちが映画に期待する怖さではありません。叩き起こされて、「おい！　早くしろ！」と乱暴に急かされるような怖さではないのです。

人生のそれぞれの段階にいるありのままの自分を受け入れない場合、美しさは、強調するかどうかにかかわらず、確かなものであり続けるのかどうか。それをボビイは本書を通じて問いかけています。とても興味深い問いかけです。そして私は、美容についてこのようにさまざまなアプローチを続ける女性たちに、大きな拍手を送ります。広い美容の世界には、女性なら誰でも入ることができます。そして深く理解した人だけに、本当の価値が分かるのです。行動の効果は、顔に表れます。世界中の女性たちと話したいことは、まだまだ数えきれないほどあります。

# はじめに
# リビング　ビューティーの哲学

年齢を重ねるにつれて、ある程度は気持ちが落ち着いてくるものです。私は50代に（ついに！）突入して、このことに気づきました。手に入るはずのない理想を求めて何年も情熱を燃やした末に、私はようやくあきらめて、穏やかな気持ちになったのです。「あきらめる」というのは、顔や髪やボディのお手入れをやめたという意味ではありません。お手入れは続けながら、自分自身に対して現実的な期待を持つことにしたのです。やっと、ありのままの自分を受け入れた私は、とても楽になりました。今は、自分のための新しい理想、新しい現実、新しい希望に、すべてのエネルギーを注いでいます。その本質から生まれたのが本書です。

年齢を重ねることのどこが悪いのでしょうか。シワもたるみもない顔など、無表情で、温かみも自信も感じられないでしょう。だから私は、現在多くの女性が若く見せようとして整形することが、残念でなりません。整形外科医に行くことが、美容院へ行くのと同じぐらい当たり前になっているのです。確かに、顔をつまんだり押し込んだりした女性の中には、本当にきれいになった人もいます。しかし、引っ張りすぎてすっかり人工的な顔になってしまった女性や、膨らませすぎて表情がこわばり、異様な感じになってしまった女性の方が多いことも、また事実なのです。美しい整形と、無表情で怖い整形とは紙一重です。メスを入れる段階で、結果には何の保証もありません。そして、元に戻すこともできないのです。

もちろん、落ち込むのは簡単です。雑誌を開いて20歳になったばかりの（ときにはたった14歳の）、何一つ欠点がないように見える女の子の写真を見ればいいのですから。30歳を過ぎたモデルはあまり見かけません。テレビでは、ロサンゼルスやニューヨークを舞台にした20代の人の暮らしを賛美しています。では、どうすればいいでしょうか。若い人の完璧さを自分自身と比較しないことです。どうせ勝ち目はないのです。誰でも人と比較したくなるものですが、少なくとも、同じ年齢の女性と現実的な比較をしましょう。

私の知っているある女性は、40代で美人でしたが、並々ならぬ自信を持っていました。ファッションショーの期間中、偶然その女性に出会ったので、私は10代のモデルたちに囲まれて仕事をするのはつらいと不満をこぼしました。すると彼女は笑って、「その業界で働いているのが間違いね」と言うのです。トラック組合の弁護士として成功していた彼女は、自分を「セクシーな」女性として見ているトラック運転手たちに囲まれていました。いつも自分が魅力的だと感じていられたのです。また60代半ばの別の女性は、自分がまだ子供のような気がすると言います。老人ホームで音楽療法士として働いているので、自分より何十歳も年上の人たちが、きれいだとほめてくれるということでした。もうお分かりかと思いますが、美しさも年齢も、相対的なものでしかありません。

私と同じ世代には、もう若くはないことを不満に思う女性がたくさんいます。彼女たちは自分の嫌いなところを連ねた長いリストを抱えています。シワ、まぶたのたるみ、上唇が小さすぎる……並べていくと何日かかるか分かりません。マイナス面にとらわれすぎて、プラスの面を強調するエネルギーが残っていないのです。

私たちは、美しさに対する考え方を根本から変える必要があります。自己嫌悪の悪循環に陥るのか、不満を解決する知識を身につけるのかは、あなた次第です。私は、エイジングの悪いイメージを払拭するつもりです。エイジングとは、女性が、活気、強さ、知性、そして新しい美意識をさらに身につけていく過程なのです。それはまさに、進化といえます。現代は、女性がどんな年齢でも最高の状態でいられる方法がたくさんあります。知識と戦略に基づいてライフスタイルを大きく変えれば、40代、50代、60代になっても、10年、いいえ20年前よりも素敵な自分になることだってできるのです。

いくつになっても、自分自身と向き合うのに遅すぎるということはありません。どうすればいいか分からないのは当たり前です。数えきれないほどの自己啓発書や専門家が、より美しく、心地良くあるための方法について、はっきりした答えがあると主張しているにもかかわらず、そのアドバイスが自分にとって正しいのかどうか、知る方法はないのですから。

私は、すべての問いに答えられるわけではありません。ただ、自分で確かめた方法や秘訣をみなさんと分かち合うことならできます。それは、何年もの間、私の外見や気持ちを最高の状態に保つのに役立ってきたものばかりです。本書では、皮膚科医、美容師、トレーナー、栄養士、スタイリスト、婦人科医など信頼する多くの専門家から私が学んだ秘訣に加えて、素晴らしく美しい憧れの女性たちからのアドバイスも紹介します。

私は今も、もっといい自分になれる方法を学んでいる途中で、残りの人生でもさらに学び続けたいと思っています。みなさんがそれぞれの道を歩む中で、心も体も素敵な人になれることを、そして本書が、より美しく優雅で幸せに人生を送るために役に立つことを、願っています。

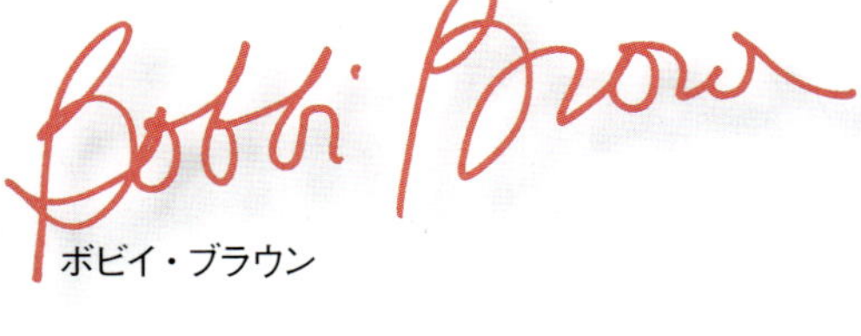

ボビイ・ブラウン

## CHAPTER 1

# ROLE MODELS

### お手本となる女性たち

## 美しく年齢を重ねた女性たちの名言

私はこれまでの人生で、たくさんの女性に憧れてきました。家族である母や祖母やアリス叔母さん、そしてアリ・マッグロー、グレース・ケリー、ソフィア・ローレン、オードリー・ヘップバーンといった銀幕の美人女優。今の私があるのは、お手本として私に影響を与えてくれた、多くの女性たちのおかげです。

20歳の頃、私は母と一緒にホテルのロビーで子ども連れのゴールディ・ホーンを見かけました。ゴールディは格好いいジーンズにスニーカー、子どもたちもおしゃれをしていました。幸せそうにくつろいだ様子のゴールディを見て、「こんな母親になりたい」という思いを、私は心に刻みつけたのです。

フリーランスでメイクアップアーティストをしていた頃、ファッションについて私に大きな影響を与えてくれたのが、一緒に仕事をしていた雑誌編集者です。ファッションのことを熟知している人たちで、ごく軽いメイクに大きな腕時計という、そのシンプルなスタイルがとても素敵でした（そのスタイルを真似してからというもの、今でも私のトレードマークです）。

30歳の頃、『ローリング・ストーン』誌に出ていたデブラ・ウィンガーのモノクロ写真を見て、私はすっかり感心してしまいました。セクシーで、自信にあふれ、輝いていて……それでいて決して子どもっぽくはない。胸を張って、満面に笑みをたたえ、目と口元にはわずかな笑いジワが刻まれている。まさに、なりたいと思っていた通りの女性でした。デブラの自信にあふれた美しさを見て、自分に言い聞かせたことを覚えています。「大丈夫、私もなれる」。それからずっと、その写真は目に焼きついたままで、今も鏡を見るたびにデブラの姿を思い出します。

本章で取り上げる女性たちは、内側も外側も美しい人ばかりです。自信がみなぎり、強く、人を惹きつける魅力があります。そして何よりも大切なことは、ありのままの自分を受け入れているということです。私があらゆる面で刺激を受けた女性たちから、みなさんも多くを学ばれることを願っています。

# Susan Sarandon on...

スーザン・サランドン
女優

## ...Beauty

**美しさについて……**若い頃の私は、完璧なものの中に美しさがあると思っていました。しかし、年齢を重ねるにつれて、未完成であることを大切に思うようになりました。未完成だからこそ、何が本物であるかが、はっきりと分かるのです。一人ひとりが特別な存在でいられるのは、未完成だからです。命のはかなさや生きるために必要な勇気を感じさせてくれるすべてのものに、私は心を動かされます。

## ...Aging

**年齢を重ねることについて……**ベティ・デイビスの言葉を借りて、「気の弱い人には向いてない」

## ...Looking Good

**きれいでいるために……**煙草を吸わないこと、有酸素運動、緑黄色野菜をとること、そして最も大切なのは、心の在り方。開放的で楽しく、好奇心いっぱいで思いやりがあるときの自分が、一番きれいに見えます。また、自分を好きでいること。年齢を重ねるほど、知性と自信、そして広い視野が身につくことに気づきましょう。それは自分探しの途中にいる若い人には持ちえない、素晴らしい財産なのです。

# Vera Wang on...

ヴェラ・ウォン
ファッションデザイナー

## ...Beauty

**美しさについて……**美容とは、自分自身を見つめ、自分が少し素敵になったと感じられる方法を理解する、一つの手段です。人間性は、必ず外側に表れます。美しさとは、一人ひとりの顔が持つ個性——決して女性が失ってはならないものです。

## ...Aging

**年齢を重ねることについて……**私が本当に美しいと思う友人の中に、60代と70代の人がいます。なぜ美しいかというと、若く見えるからではなく、自分らしさを失わないでいるからです。彼女たちは、美容整形に逃げることも、型にはまった美しさの基準に自分を合わせようとすることもありません。

## ...Looking Good

**きれいでいるために……**私の場合、最大の秘訣は睡眠です。ほんの数日ゆっくり睡眠をとっただけで、驚くほど表情が違って見えます。もう一つの効果的な秘訣は、健康的な体重を維持すること（がりがりに痩せるということではありません）です。そして、いつもシンプルで清潔感のある印象を保つようにしています。メイクをするときは、ファンデーションで肌の色を均一にすることを心がけます——実はこれだけで顔が20歳も若返るのです。肌には細心の注意を払うようにしています。すべてを包んでいる肌が、究極のアクセサリーになるのですから。

# Lorraine Bracco on...

ロレイン・ブラッコ
**女優**

## ...Beauty

**美しさについて……**美しさは個性です。ありのままの自分を受け入れている人——そんな人はとても美しいと思います。

## ...Aging

**年齢を重ねることについて……**50代になったとき、私は人生のモットーを「もっと楽しむ」ことに決めました。この4年間はかなり年下のボーイフレンドがいます。……おかげでとても楽しいです！

## ...Looking Good

**きれいでいるために……**私は長い間、大人のニキビに悩んできました。20代の中頃からです。何年も皮膚科医からニキビ治療薬のAccutane◆を薦められていました。5年以上もニキビができ続けた結果、主にストレスが原因でホルモンバランスが乱れていることが分かりました。医師の薦めにもかかわらず、ほぼ10年間も薬の使用を我慢しました。薬に頼ることに、迷いがあったからです。ついに薬を使ったとき、私の肌は見違えるほどきれいになりました。どれほど自信が持てるようになり、毎日が快適になったかは、言葉では言い表せないくらいです。後悔したことといえば、もっと早く薬の使用を始めていればということだけでした。覚えておいてほしいことは、薬はすべての人に合うわけではないけれども、選択肢の一つとして知っておくべきだということです。私にとっては、正しい選択でした。それから、上手に髪をカットしてもらうと、美しさがアップします。

◆ アメリカ国内における製品名です。薬事法により日本国内では入手できないものもあります。

# Ann Curry on...

アン・カリー
ニュースアンカー

## ...Beauty

**美しさについて……**昔は、美しさとは生まれつき偶然に備わるものだと思っていました。若い頃、美しさに関係があるのは、何よりも生まれつきの要素とメイクだと考えていたので、人からきれいだと言われるたびに、なんとなく居心地の悪さを感じていました。でも今では、顔には人生が――額には悩み、目尻のシワには喜び、目には自信が――表れています。どのような外見になるのかを、自分で決められることを知っています。時間――それは私たちに、本当の美しさを手に入れるチャンスを与えてくれるものなのです。

## ...Aging

**年齢を重ねることについて……**外見にどれだけ注意を払っていても、外見に表れる多くが内面から生まれるものだと考えると、とても不思議です。若返る必要があるのは、心だと思います。

## ...Looking Good

**きれいでいるために……**パンや砂糖は控えめに、新鮮な果物や野菜をたっぷりとって、適度な運動、きちんとした保湿、そして十分な睡眠を心がけています。ただし何よりも大切なのは、いい人であろうとする日々の努力が、自分の外見に大きく影響するということです。他の人の役に立つことができたときは素晴らしい気分になれるので、プライベートでもニュース解説でも、そうなるよう努力しています。だから、たとえ体に悪い食事をしたり十分な睡眠をとれなかったりしたときでさえも、日々の努力のおかげで、鏡の中に幸せそうで美しい自分を見つけることができるのです。

# Rita Wilson on...

リタ・ウィルソン

**女優**

## ...Beauty

**美しさについて……**美しさは、内面にあるものだと思うようになりました。誰かの元気、自信、親切、素直さに出合うとき、美しさを感じます。外見的な美しさが重要ではないとは言いませんが、それは私にとって、美しさを意味する要素のうちの一つでしかありません。単なる外見的な特徴より、永遠に色あせない特徴の方が、素晴らしいと思えるのです。

## ...Aging

**年齢を重ねることについて……**上の世代の多くの女性から、刺激を受けようと思っています。私の母は、どのように年齢を重ねていけばいいのかを教えてくれる、偉大な先輩です。現在84歳で、一度も美容整形をしたことがなく、どんなときでも活気、愛情、時間、自分のエネルギーを惜しみなく分け与えてくれます。そんな無欲な母を見ていると、自分が何にエネルギーを注ぐべきかが分かります。

## ...Looking Good

**きれいでいるために……**受け入れること。そこから始めなくてはいけません。年齢は関係ありません。ありのままの自分を受け入れたとき、天から授かった自分を受け入れたとき、きっと自由を感じるに違いありません。

# Marcia Gay Harden on...

マーシャ・ゲイ・ハーデン

女優

## ...Beauty

**美しさについて……**美しさは、〝心構え〟――健康、食事、肌、メイクアップ、ファッションのすべてを含む考え方――と〝行為〟です。私にとって美しさは、雑誌の写真とはまったくかけ離れたものです。むしろ、身振りやしぐさ、微笑みの中にあり、清潔で、良い香りがして、気持ち良く、落ち着くものです。また、刺激的で大胆でもあります。

## ...Aging

**年齢を重ねることについて……**私は自分の年齢を受け入れることで、加齢による変化を乗り越えています。気分が晴れるのなら、ボトックスなどのシワとり治療をはじめとする、ちょっとした美容整形にも反対ではありません。ただし、40代なのに20代に見せようとするのはばかげたことです。私は、動作や言葉の美しい人でありたいと努力しています。そうすれば、肉体的なもの（顔や体）だけでなく、相手との関係さえ変えることができるのです。変わることを恐れないのも、美しさの一つです。40代のあなたが、10代の若者が美しいと思う理想や音楽を理解しようとすることも、美しさの一つなのです。

## ...Looking Good

**きれいでいるために……**私の肌は鼻の部分が炎症で赤いので、肌の色を均一にするために、ファンデーションを使うようにしています。最近、頬骨に輝きのあるチークを入れるようになりました。華やかになれるところが、気に入っています。髪はカラーリングをしています。グレーが似合う人もいますが、私は一生グレーにはしないつもりです。髪にはハイライト（際立たせるために髪を明るくすること）も入れています。また、健康的な食生活とエクササイズをほぼ欠かさず続けています。食事を変えると何もかもが変わります。そして、正しい姿勢でいることは、私の考える限り最も経済的で効果のある美容法です。

# Mary Steenburgen on...

メアリー・スティーンバーゲン

**女優**

## ...Beauty

**美しさについて……**美しさは、人生の目的を達成しようとしている人に備わるものです。重要なのは目的の内容ではなく、それがその人の心にどのように響いているかということです。

## ...Aging

**年齢を重ねることについて……**私には笑いジワがたくさんあります。その一つひとつがいとおしく、この人生が終わるまでにもっと増えればいいと思っています。

## ...Looking Good

**きれいでいるために……**長い間、眉のお手入れを無視してきたのですが、強くて美しい眉が重要だと気づきました。顔立ちに合った正しい形に整えるだけで、ずいぶん変わります。色で遊ぶのも好きで、あるとき、ダークプラムのアイライナーを使うとグリーンの瞳が引き立つことに気がつきました。

# Vanessa Williams on...

ヴァネッサ・ウイリアムズ
**歌手・女優**

## ...Beauty

**美しさについて……**美しさとは、豊かな心の状態のことだと思います。自分自身、環境、そして新しい状況を受け入れ、かつ快適でいること。最悪なのは、将来に目を向けずにただ現状に甘んじているか、過去への不満や後悔を抱えている状態です。

## ...Aging

**年齢を重ねることについて……**女性に社会的権利がある限り、年齢を重ねることは障害にはなりません。もし、自分の美しさを利用して力を手に入れたために、その力のすべてを失ったなら、そのときは弱みを見せてもいいのです。私は、テレビの舞台裏や本番で、また毎日の生活の中で、権力を持つ女性をたくさん見てきました。私たちは今、女性が自分の年齢を受け入れ、何の限界もないという、素晴らしい時代にいるのだと思います。

## ...Looking Good

**きれいでいるために……**正しいスキンケアの方法さえ知っていれば、他に必要なことはあまりありません。メイクについては、自然な仕上がりが好きで、10分以上の時間をかけません。肌がなめらかで潤っていれば、リップグロスを唇に少しのせて、眉の手入れをするだけです。

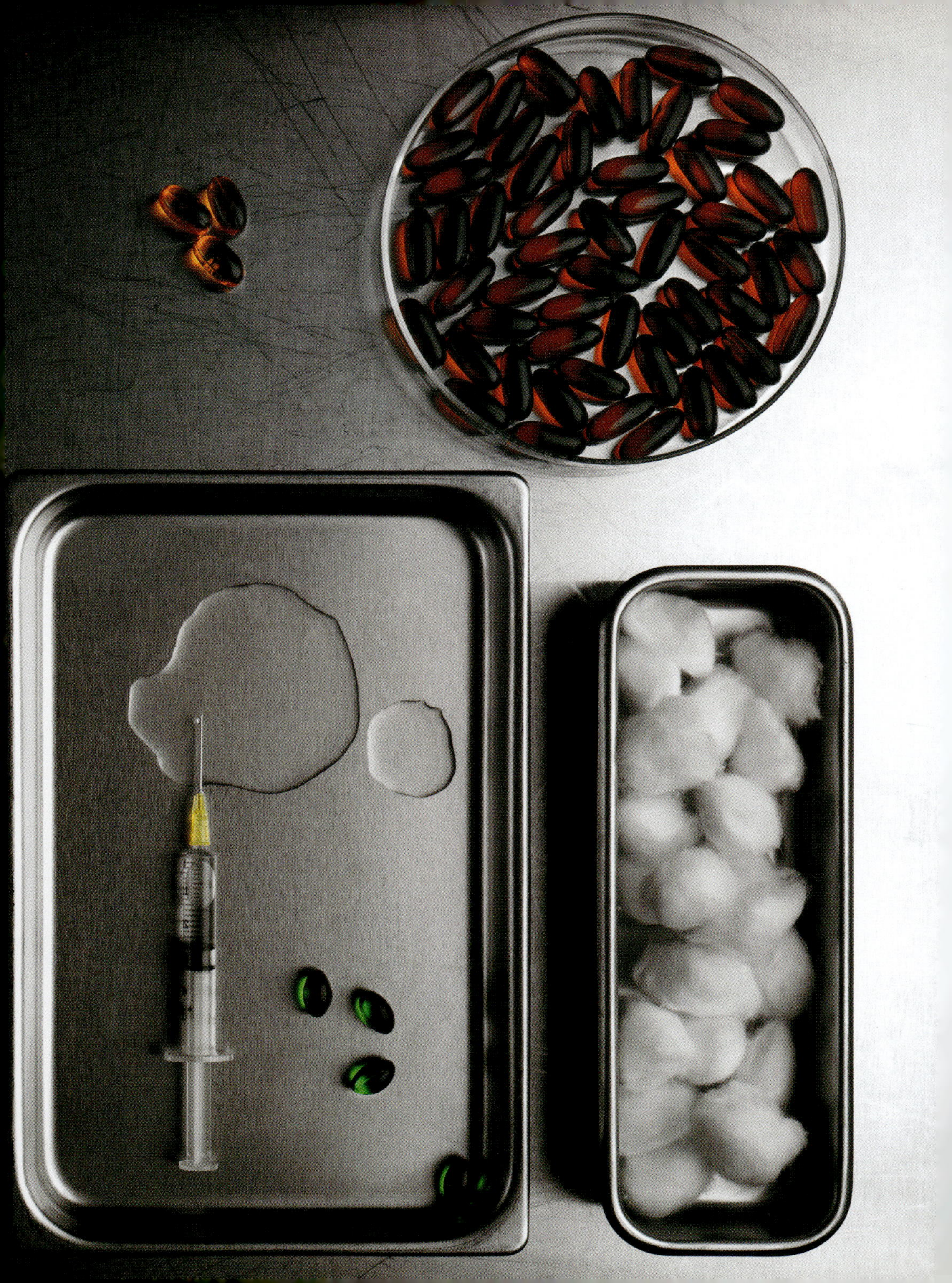

# CHAPTER 2

# SKIN SAVERS

## 肌の救世主

## 優秀な皮膚科医にできること

本書を手に取ったみなさんは、私が皮膚科医ではなくメイクアップアーティストであることをご存じだと思います。では、なぜこの章を使って、皮膚科医にできることを説明するのでしょうか。それは、美しい顔は美しい肌から始まるというのが、私の考え方の基礎にあるからです。ゴージャスな肌を手に入れ、それを維持するためには、特に40代、50代、それ以上の女性にとって、皮膚科医は欠かせない存在なのです。この章では、最も重要なことや年齢とともに増える肌のさまざまなトラブルを、手術に頼らず解決する秘訣について詳しく紹介したいと思います。

情報を集め始めたとき、私は多くの収穫が得られると思っていました。ところが、私の皮膚科医をはじめとするさまざまな専門家に話を聞き始めた途端、ほとんどの方法がとても負担の大きいものだと気づきました。さらには、どの治療に効果があり、どの治療に効果がないのか、専門家の間でも意見が一致していないのです。私はますます戸惑いました。ある皮膚科医が「最新で最良の」治療だと薦めるものが、他の医師からは疑わしいと思われているのです。誇大広告を見抜いて最良の情報を手に入れるには、どうすればいいのでしょうか？

まずは、選択肢をすべて集めることから始めました。広く行われている標準的な治療から、最新の技術を使った治療まで――すべて集め終えた私は、目を疑いました。全体で何ページにも及ぶ量になったのです。患者さえ望むなら、ひと月の間毎日皮膚科へ通って毎回違う治療を試すことさえできる、恐ろしい、そして費用のかかる計画。まるで実験が失敗した科学者のように歩き回る女性の姿が目に浮かび、これではだめだと思いました。

なるほどと思う瞬間は、ある朝やってきました。有名な50代のモデル二人が、テレビのインタビューに答えているのを見たときです。一人のモデルは、とても素敵に見えました。くるくると動く表情、明るい顔色、そして目元の細かい笑いジワ。幸せそうで美しく、完全に自分に満足しているようでした。しかし、もう一人のモデルは、まったく自然な感じがしませんでした。全体的にシワがなく、表情には動きが乏しく、顔がでこぼこして見えました（薬の注入をしすぎた場合、

このようになる可能性が高いのです)。

そのとき私は、この章で伝えるべきことが分かったのでした。老化のサインを完全に消すための可能な方法をすべて紹介するつもりはありません。本書は、もともとの顔やあなたらしさを変えることなく、素敵になれる小さなコツを見つけるためにあるのです。だから私は、ここに紹介する治療方法をすべて自分で体験してみました。私の皮膚科医であるジェニーン・ダウニー先生にアドバイスをもらいながら、自分で試して100パーセント信用できる治療だけを取り上げます。ただし、例外については明記してあります。どの治療も人によって経過が違うため、それぞれの治療を受けた女性たちの体験談と効果についても紹介しています(注:これらの治療には、高額な費用がかかるかもしれません。子どもの教育費で予算が限られている人のために、第3章ではお金をかけずにきれいになれる方法を紹介しています)。

これはまだほんの始まりに過ぎません。私たちがもっときれいで素敵になるための選択肢は、将来もっと増えるに違いないのです。ただし、覚えておいてください。これらは、若く見せるためではなく、あなたの年齢にふさわしい最高の状態でいるための方法なのです。

LIPLINER

Lab Std.
Pigments
4/09

## 鏡の中に何が見えますか？

私はベビーブーマー世代なので、日焼けを美しいと考える時代に育ちました。その頃は、「よく日焼けしているほど素敵」だと思っていたのです。10代や20代の頃は、ベビーオイルにポピンヨードという殺菌消毒剤の外用薬を混ぜて塗るというとんでもない方法でビキニのまま肌を焼き、いくつもの夏を過ごしました。その頃の私に、日焼けによる肌へのダメージについて現在の知識があったなら、絶対に日焼け防止をしていたでしょう。

私は遺伝的には恵まれていましたが、今の自分の肌を見ると、日焼け止めをしなかった長年の影響が見て取れます。肌は嘘をつきません。十分にお手入れをしていない肌は、特に40代や50代、60代になったときに、必ず影響が表れます。

肌の老化に関係する要素はいくつかあります。まず、遺伝子は大きな要因です。親族の中で年上の女性を見れば、自分が年齢を重ねたときにどうなるかを知ることができます。次に、過去にどのような選択をしてきたか、特に太陽に肌をさらしたかどうかも現在の肌に影響しています。紫外線を長時間浴びすぎると、コラーゲン（Ｐ41参照）やエラスチン（タンパク質の一つで組織に柔軟性を与える物質）が破壊されるだけでなく、色素沈着（シミ、老人シミ）を起こします。ライフスタイルも肌に影響します。どのぐらいの水を飲んでいるか（内側から肌を潤すのに重要です）、煙草を吸うかどうか（喫煙は肌から酸素を奪い、ハリや透明感を失わせ、目のクマを濃くします）、また、どの程度のストレスにさらされているか（私は一晩眠れないと、必ず顔に出ます）などです。

しかし、40代以降の肌の変化には、コントロールの効かないものもあります。私たちの肌では、常に死んだ表皮角化細胞が剥がれて新しい細胞と入れ替わっていますが、この代謝のプロセスは加齢とともに遅くなります。だから、若い肌の持つ輝きは失われていくのです。また、自分の肌の見た目や手触りが変わったことにも気づくでしょう。40代になると油分の分泌が減少し、肌が乾燥してきます。コラーゲンが減少し、肌が薄くなり始めます。そして目元や口元のシワが目立つようになります。50代では、閉経の影響を受けます。キメや弾力の変化に気づくでしょう。乾燥が進み、不規則に色素沈着ができたり、炎症が起こったりします。60代になると、シワが増え、血色や弾力が大きく失われます。

年齢にかかわらず、毎日日焼け止めをつけましょう。ＵＶＡとＵＶＢの両方をカットするＳＰＦ（化粧品などの紫外線Ｂ波防止効果を示す数値）15以上の日焼け止めを選んでください。太陽が好きなら、気をつければいいのです（少しぐらい肌に健康的な色合いがあった方が素敵に見えると、私は今でも思っています）。正午から午後４時まで（紫外線の影響が最も強い時間帯）は日差しを避け、日焼け止めと帽子を忘れないようにしましょう。

BOBBI BROWN
beach
Sunscreen Gel
for Body SPF 30
Gel Ecran Solaire
pour le Corps SPF 30

## シワを目立たなくする方法

表情ジワや小ジワに効く「魔法の」クリームなど、
この世に存在しないと思います。
嘘のような効果をうたっているものは、
おそらく嘘でしょう。
顔にあるシワを一つ残らず消そうと
悪戦苦闘する必要はありません。
自分がつくったシワなのだから、
誇りを持って共に生きていくべきです
(実は私も、笑ったときに目元にできる
シワが好きになり始めました)。
それでも、シワを少し目立たなくしたいのなら、
私が本当に信頼できる代表的な
2つの方法があります。
**成長因子（P41参照）**と**レチノイド**です。

# 肌細胞の生成を促進するタンパク質は体のさまざまな部分で細胞の再生を活性化させる成分です。

肌細胞の生成を促進するタンパク質を配合した
部分用クリームを肌につけると、コラーゲンの生成が促され、
シワが目立たなくなります。ダウニー先生によると、
レチノイドやＡＨＡ(フルーツ酸)を含む製品に対して
肌が敏感な人に、成長因子は特にお薦めだということです。
成長因子は、希望に応じて１週間に５回まで使えます。
私は、ＴＮＳ Recovery Complex◆（ＴＮＳ）を試してみたところ、
肌の状態が驚くほど良くなりました。
**費用：140 ～ 350ドル。***

◆ アメリカ国内における製品名です。薬事法により日本国内では入手できないものもあります。
★ 費用はすべてUSドルで、アメリカ国内における平均的費用です。
日本国内においては異なる場合があります。

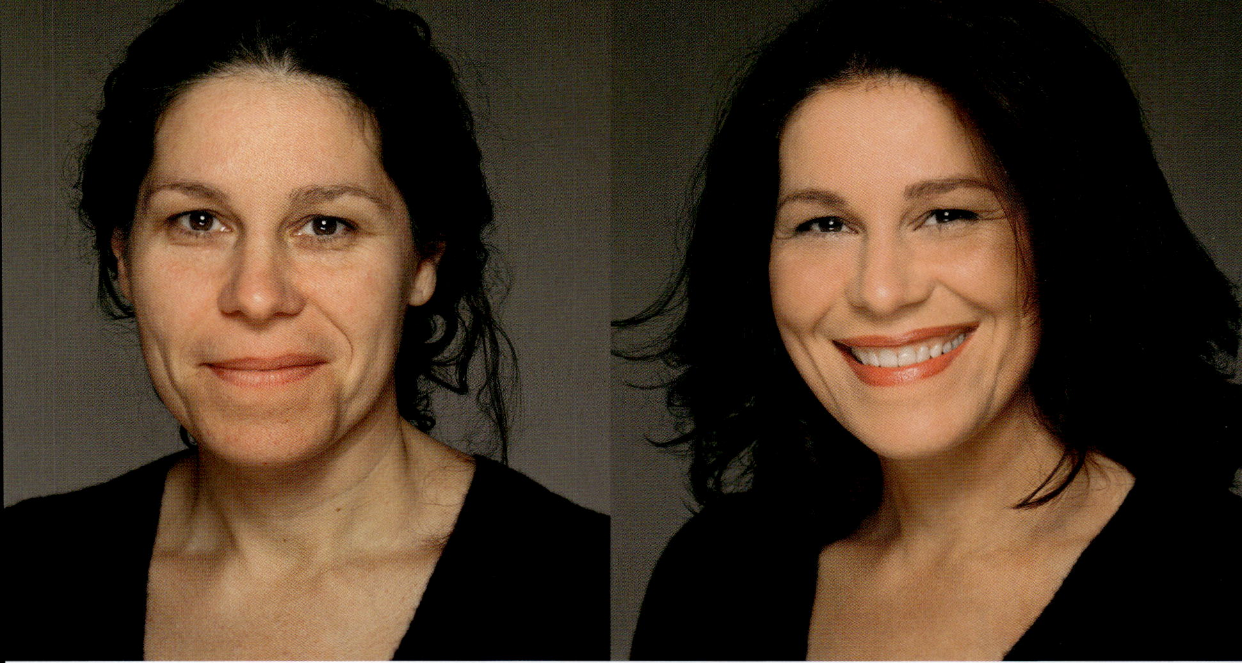

アティエを洗練された可憐な印象にするために必要なものは、目の下のコンシーラーとピンク系ローズのチーク、透明感と深みのあるピンクのリップ、後は上手な髪のブローだけです。

## アティエ・ダニスカスの場合

**プロフィール：**私の肌は大人になってからずっと不安定です。肌の状態が一番良かったのは４度の妊娠中でした（おそらくホルモンの変化によるものでしょう）。それ以来、吹き出物とシミに悩まされてきました。シワも個性だとは思いますが、手術ではない自然な方法で肌を美しくできるのなら興味があります。かなりの敏感肌なので、顔に塗るものには注意しています。これまでに、いろんなスキンケア方法を試してきましたが、どれも効果はありませんでした。だから、この方法を試してみるのは楽しみです。

**体験：**ダウニー先生はまず、肌を十分に保湿しておくことと毎日日焼け止めをつけることの重要性を、説明してくれました。そして、一晩おきに額、頬、あごに豆粒大のＴＮＳをつけるように言われました。この治療を始めてすぐは、いろいろなものが肌表面に現れたような感じがあり、乾燥して赤みが出ましたが、１週間後、肌の質感に変化が表れました。毛穴が小さくなり、肌が柔らかく感じられるようになりました。

**効果：**２ヶ月前にＴＮＳを使い始めてから、肌の状態は見違えるほど良くなりました。額と目元のシワは目立たなくなりました。こめかみのシミが薄くなったとさえ思いました。ＴＮＳは決して即効性のあるものではありません。効果は徐々に表れます。決められた通りにきちんとＴＮＳを塗れば、最終的には効果を実感できるでしょう。

# ビタミンA誘導体である<br>トレチノイン※1も、<br>コラーゲンの生成を促して<br>肌の再生に役立つ<br>効果的な方法です。

トレチノインは肌に炎症を起こすことがあるので、肌の乾燥や皮膚の剥離が起こるかもしれません。また、肌が紫外線に敏感になるので、ＳＰＦ30以上の日焼け止めで肌を守ることがとても重要になります。そして、トレチノインの本当の効果を実感するには、約１ヶ月間は使い続ける必要があります。しかし、私はすぐに確かな効果を実感できました。トレチノインを配合した部分用クリームは、Retin-A Micro◆ やRenova◆ という製品名で、皮膚科の処方箋により購入することができます(Renova の方がマイルドです)。必要に応じて週に２回まで使用できます。

費用：75 ～ 150ドル。★

※1 レチノイドの一種（P41 参照）
◆ アメリカ国内における製品名です。薬事法により日本国内では入手できないものもあります。
★ 費用はすべてUSドルで、アメリカ国内における平均的費用です。
日本国内においては異なる場合があります。

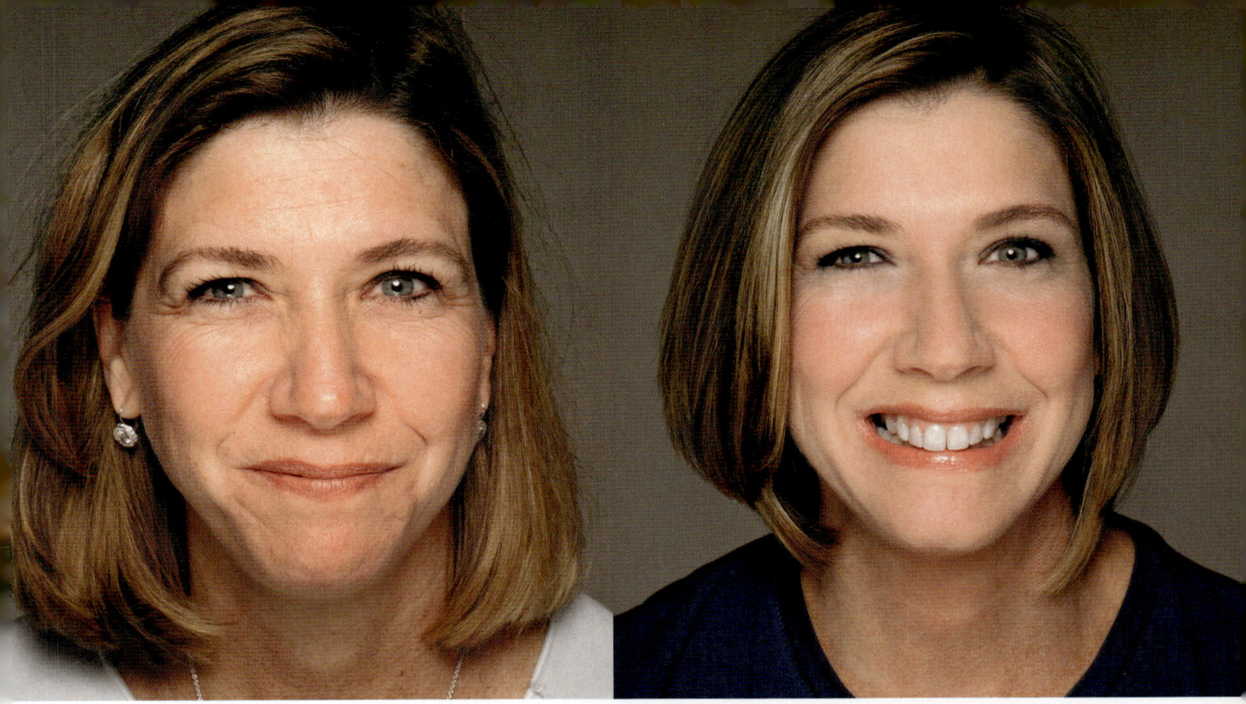

レスリーの美しい目は、濃いネイビーのライナーで周囲にラインを入れると際立ちます。ファンデーションを使って、なめらかで均一な肌をつくりました。

## レスリー・ラーソンの場合

**プロフィール：**私は自分の肌を「カラフル」だと思います。そばかすや毛細血管の拡張があり、肌の色は均一ではありません。ここ数年の肌の変化で一番大きなものは、額の深いシワが目立つようになったことと極端な乾燥です。保湿には気を使っていて、たっぷりと水も飲みますが、肌はとてもごわついているように（まるで私の父のように！）感じられます。太陽にさらすことがどれほど危険なのかを知らずに育った世代なので、若い頃はずいぶん太陽の下で過ごしたものです。そのときの紫外線によるダメージを実感している今は、紫外線防止にまじめに取り組んでいます。（毎日日焼け止めをつけ、長時間外で過ごすなら、帽子をかぶるか日傘をさします）。

**体験：**トレチノインクリームを一晩おきに塗りました。少なくとも20分は肌に浸透するのを待ってから、保湿をするように言われました。気づいたことは、わずかな乾燥と剥離です。それは2週間ほどで消え、今は特に頬の手触りがなめらかになってきました。

**効果：**トレチノインクリームを1ヶ月使うと、肌はなめらかになり、表情ジワが目立たなくなりました。全体的にとても良くなったと思いますが、深いシワは残っています。クリームの効果については、自分にどの程度の効き目があるのかを現実的に捉えることが重要だと思います。老化のプロセスを逆戻りさせることはできませんが、少し遅くすることはできます。私の顔は成熟した女性の顔ですから、これでいいのです。

## くすんだ肌をよみがえらせるには

肌が輝いている女性に出会うと、
私はじっと見つめてしまいます。
これほど美しいものはないと思います。
赤ちゃん、子ども、そして20代の女性も含めて、
若い肌には自然な輝きがありますが、
その輝きは年齢とともに失われていきます。
肌細胞の代謝が遅くなるためです。
肌再生のプロセスを活性化させる効果的な
方法として、普通の角質除去のほかに、
ケミカルピーリングがあります。

# ケミカルピーリングとは、酸の作用によるピーリングです。顔に塗って、肌の表面の古い角質を除去します。

ピーリング剤はどれでも同じというわけではありません。
家庭でできるピーリング（ドラッグストアで購入できる
ようなもの）は、酸の配合が少なくマイルドな処方なので、
それほどの変化は実感できないでしょう。
スパ・ピーリングは、家庭でのケアに比べて
やや作用が強いため、１ヶ月に１、２回にしましょう。
皮膚科で行う典型的なケミカルピーリングでは、
グリコール酸、サリチル酸、乳酸、トリクロロ酢酸（ＴＣＡ）
が配合されたものを使います。ピーリングに使う酸の量は、
マイルド（20パーセント）からディープ（99パーセント）まで、
肌のタイプと希望する効果によって幅があります。
マイルドピーリングで炎症を起こすことは、
ほとんどありません。肌を休める回復期間も必要なく、
週に１度の処方が可能です。
ミディアムピーリング、ディープピーリングでは、
赤みが出たり肌の剥離が起こったりするので、肌が完全に
回復するまで１週間ほどかかります。ミディアムピーリングは、
肌の状態によって２週間ごとに行って構いません。
ディープの場合、月に１度だけにしておきましょう。
ピーリング後の肌は特に敏感なので、
ＳＰＦ30以上の日焼け止めをつけることが重要です。
費用：ピーリングの度合いによって、費用には幅があります。
200～1500ドル。*

★費用はすべてUSドルで、アメリカ国内における平均的費用です。
日本国内においては異なる場合があります。

ジュリーには、目を際立たせるために黒のマスカラをつけ、眉にはブロンドのシャドウ、輝きを出すために唇と頬にはピンクをつけました。

## ジュリー・ジャクソンの場合

**プロフィール：**私の年代の女性たちが一番ドキッとするのは、心の中で感じている自分（気分は 17 歳）と鏡に映る自分が違っていたときです。私の場合、最初はわずかな変化から始まりました。いくつか老化によるシミができたことに気づき、冬にはとても乾燥するようになり、またニキビに悩むようになりました。できるだけ長く健康的な肌を保ちたいので、メスを入れない治療法なら喜んで試したいです。ケミカルピーリングで一番心配なのは、どの程度の回復期間をおけば仕事に戻れるのかということです。そして、この治療によって吹き出物ができると聞いたことがあるので、肌が今より悪化するのではないかと心配です。

**体験：**実際の処置にかかる時間は、全部で５分ぐらいでした。ピーリング液を綿棒で顔全体に塗ってもらった後は、ハンディタイプの扇風機を持って作用中の不快感（ヒリヒリした感じ）を最小限に抑えます。

　その後、液を洗い流します。少し硬くなった感じがする以外は、副作用（赤みや炎症）はまったくありませんでした。この治療で、最大の心配だった回復期間は必要ありませんでした。毛穴が小さくなったことに気づきましたが、効果がすべて表れるまでに、3、4 日かかるということでした。

**効果：**ピーリングの翌日は、肌が少し乾燥していて吹き出物が一つできましたが、すぐに治りました。3、4 日後には、手触りも見た目も良くなりました。かなり透明感が出てなめらかになったのです。ピーリングを受けてからは、メイクが薄くなりました。肌を整えるためのファンデーションや色みをそれほど必要としなくなったからです。回復期間をおく必要もなく大きな効果があったので、絶対にもう一度ピーリングをしたいと思います。

## ハリを取り戻すには

年齢とともに肌のハリが次第に
失われていくことは、避けられない変化の
一つです。何が原因なのでしょうか？
遺伝や体内のエストロゲンの減少など、
いくつかの要因はコントロールができません
（エストロゲンの働きについて、詳しくは
第6章を参照）。
しかし肌のハリに影響する原因の中には、
喫煙、ストレス、食事、紫外線など
コントロールできるものもあります。
それに、口で言うほど簡単ではないですが、
衰えを気にする必要はありません。
確かに肌は前ほど弾力がなくても、
あなたは若いときより洗練され、聡明で、
自信にあふれているのですから（外見は
中身にはかなわないのです）。

## 光治療で肌の再生 鏡の中の自分に 本当に悩んでいるなら、 ノン・アブレーティブ スキン レジュビネーション※2 を考えましょう。

しくみは以下の通りです。ＩＰＬ※3 は表皮を保護し深部に
熱影響を与えるため肌をほとんど傷つけません。
皮膚組織がこの光エネルギーを吸収して修復のために
もっとハリのあるコラーゲンを作り出すのです。
1 回の治療には約 15 分かかり、
3、4 週間の間隔をあけて 3 ～ 5 回の治療で
効果を実感できます。この治療で 20 代のお肌が
手に入るわけではありませんが、
硬くなった肌やくすんだ肌に効果があるでしょう。治療後は
紫外線に敏感になっていますから、
日焼け止めをつけることを忘れないようにしましょう。
肌の調子が全体的に良くなるだけでなく、
光治療には顔の赤みを抑える効果もあります。
費用：1 回につき 400 ～ 800ドル。*

※2 肌の表面を傷つけることなく真皮層に到達して線維芽細胞を刺激し、コラーゲンを増やす光治療。
※3 幅広い波長を持つ可視光線を発振するフラッシュランプを使った光治療。
★ 費用はすべてUSドルで、アメリカ国内における平均的費用です。
日本国内においては異なる場合があります。

カットで髪にレイヤーを入れただけで、アミーは新鮮な感じになりました。黒のアイライナーを少し入れると、目元が輝いてすっかり印象が変わりました。

## アミー・ローゼンの場合

**プロフィール：**50歳になったとき、人生の節目を迎えたという気がしました。幸運なことに、私はいつも肌の状態が良く、マイルドなクレンザー（洗顔料）とモイスチャライザー（保湿クリーム／乳液）だけというごくシンプルなスキンケア方法を続けることができました。若い頃に太陽を浴びすぎたものの、その影響はほとんど見られませんでしたが、最近になってシミが少し出てきました。ここ５年間は肌の乾燥がひどく、どこもかしこも昔よりたるんできました。シミがいくつかあり、それをカバーするためにファンデーションを使い始めたところです。今は皮膚科でいろいろな種類の治療が選べますが、注意していないとあれこれと試すうちに、ついやりすぎてしまいがちです。シミもたるみも気になりますが、私は50歳なので30代に見られたいとは思いません。

**体験：**４回の光治療をセットで行いました。１回の治療時間は10分以下です。ダウニー先生が、私の顔にジェルを塗り、毛細血管が拡張した部分にプローベ（治療用の器具）を当て照射しました。軽く刺すような痛みを感じました。ただ、その痛みはかすかなもので、肌が治療されすぎている感じがしなかったところが、良かったです。この治療によって傷ができたり肌がダメージを受けたりすることはないように思いました。

**効果：**治療を受けるたびに、どんどん良くなっていると感じました。違いは微妙なものだったので具体的には言えませんが、変化があったことは間違いありませんでした。ここ数年の間で、一番いい顔色になりました。鼻と頬は前より赤みがなくなったので、顔色を整えるためのファンデーションはもう必要ありません。また、日焼けによるシミが消えました。それが光治療をして一番嬉しかったことです。バックミラーをのぞくとまず目に入ってきたシミが、今は見えなくなってとても気分がいいです。４回の治療が終わりましたが、今後もこの治療が手放せなくなるだろうと思います。

## シミを消すには

シミには、日焼けによる色素斑、老人性色素斑、治療の難しい肝斑などがあります。
これらのシミは、日焼け止めをきちんとつけずに何時間も太陽を浴びること、ホルモンレベルの自然な変動（ピルの使用、妊娠、閉経など）、遺伝など、いくつかの要因が重なってできるものです。
私は、30代後半にシミができたことに気づき、ホワイトニング製品と光治療の両方を試しました。
ホワイトニング製品には、皮膚でメラニン（皮膚が日光に当たることで生成される色素）の生成をつかさどる酵素（チロシナーゼ）の活性を抑制する、ハイドロキノンが配合されています。
市販の商品には、2パーセントのハイドロキノンが含まれていて、シミをわずかに薄くする効果があるでしょう。
4パーセントのハイドロキノンが配合された商品は、医師の処方箋がないと購入できませんが、市販のものよりはるかに効果は高くなるといわれています。
私は、4パーセントのハイドロキノン、部分用ステロイド、トレチノイン、ビタミンA誘導体配合のクリームを試してみましたが、数ヶ月後、シミの色にはそれほど大きな変化は見られませんでした。

# レーザー リサーフェイシング※4

## シミを消すには、レーザー リサーフェイシングほど効果的なものはないというのが、私の意見です。

レーザー リサーフェイシングは、基本的にメラニンに働きかけて、それを粉々に破壊します。痛みを最小限に抑えるために、まず部分用麻酔クリームを塗ってから、レーザーを照射し組織の表皮を取り除きます。施術直後、小さなかさぶたができ、それが剝がれ落ちる頃に、シミのない肌が現れます（頑固なシミは、完全に消えるまで繰り返し施術が必要なこともあります）。
レーザーを照射した肌は、紫外線に敏感になっていますので、ＳＰＦ30以上の日焼け止めを使うことが大切です。
費用：レーザー照射が必要な箇所の数により幅があります。300～800ドル。*

※4 レーザー光線を用いて表皮と真皮上層の剝削術を行う方法。シワ、ニキビ痕などの治療目的で行われることが多い。日本人は色素沈着を起こしやすいため、日本ではあまり行われていない。
★ 費用はすべてUSドルで、アメリカ国内における平均的費用です。日本国内においては異なる場合があります。

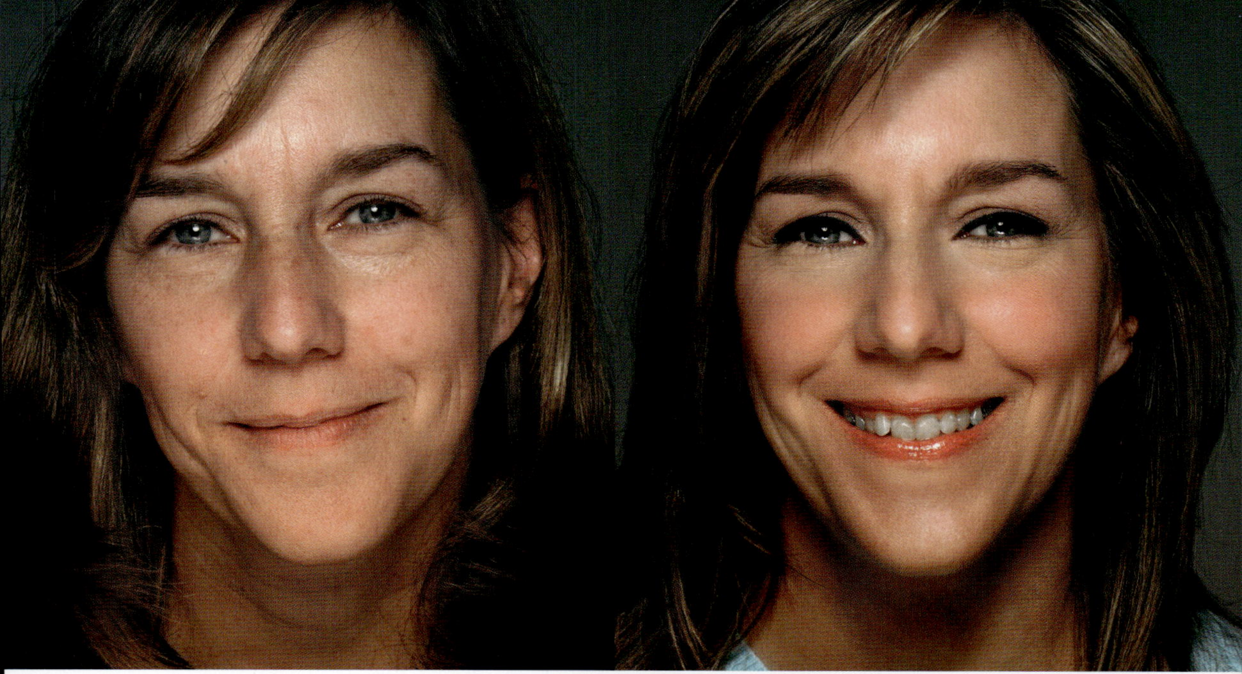

ピンクのチークとペタルのリップグロスを使って、ナオミのナチュラルな印象を生かしながら顔をリフトし、明るく見せました。

## ナオミ・ドレウィッツの場合

**プロフィール：**私は、祖母の顔にシミができるのを見てきましたし、その後、母にも同じようにシミができたのを知っています。それでも自分にはそんなことは起きないと思っていました。最初に自分のシミを発見したのは、30代の初めです。まず手や腕に、そして顔にも現れました。思っていた以上に老けた印象になったのが嫌で、そのシミを隠すために、メイクから高濃度ビタミンEクリーム、健康食品まであらゆることを試してみました。ここ５年間は、シミを増やさないため太陽を避けるようになりました。レーザーを受けるのは楽しみで、痛みや不快感は心配していません。ただ心配なのは、施術直後の見た目と、回復のプロセス、そして傷が残ったりしないかということです。

**体験：**実際の処置に問題はありませんでした。終わるまでにかかった時間は20分ほどです。ダウニー先生は、小さなペンのようなものを使って、顔と胸のシミを焼いていきました。帰るときには、何の変化もありませんでした。処置後２時間以内に、施術した箇所がピンクになり、夜までにそれが茶色くなり、次の朝、かさぶたができました。そして数日後、かさぶたが濃い茶色になって強いかゆみを感じました。ダウニー先生から、ワセリンでその部分を保湿してＳＰＦ30以上の日焼け止めを必ずつけるように言われました。一番つらかったのは、ひっかいたりこすったりしないように我慢することでした。

**効果：**かさぶたは最後には小さくなって、ほとんど消えてしまいました。正直なところ回復がとてもうまくいったのには驚きました。茶色いシミがすべて消えたわけではありませんが、どれも薄くなりました。最大の悩みであった頬の大きなシミはかなり薄くなり、胸のシミはすべてきれいになりました。全体的にとても効果がありました。シミのある自分の姿に慣れてしまった人には、シミがなかったらどれだけ変わるか想像できないかもしれません。とてもすっきりと、いきいきした印象になります。

# スパ・フェイシャル
# マルシア・キルゴアへのインタビュー

**私はスパに行くのが大好きです。猛烈なスピードで考えをめぐらせ続けている頭の中を、十分に休ませてくれる貴重な場所だからです。最近、コロラド州テルライドに行ったとき、酸素フェイシャルを受けました。代謝を高めて細胞の修復を促進する効果を持つ、純粋な酸素ガスの霧で顔を覆うものでした。このフェイシャルが細胞レベルで肌に効果があったかどうかは、私には分かりませんでしたが、本当に気持ちが良く、直後に肌の輝きが増したことは確かです。**

**フェイシャルの効果について、スパが好きな人たちの間でも、いろいろな意見があります。フェイシャルは、念入りな手入れを受けてリラックスするための方法だという人もいます。実用的な手段としてフェイシャルを捉えている人は、正しいスキンケア方法として欠かせないステップだと考えています。人気の高いブリス・スパの創始者でクリエイティブディレクターでもあるマルシア・キルゴアに、フェイシャルについて専門家の立場から話を聞きました。**

**ボビイ：フェイシャルにはどのような効果がありますか？**

**マルシア：**今の世の中、女性はとても忙しいので、自分だけのために何かをしてもらう時間は、本当に贅沢なひとときとなります。電話はかかってきませんし、子どもが大声で騒いだりもしません。彼氏やご主人から何かを頼まれたりすることもありません。フェイシャルを受けると、すっかりリラックスしていい気分になれます。肌にとっても、数えきれないほどの利点があります。フェイシャルではマイクロダーマブレイション（微粒子を使ったピーリングの一種）を行いますので、古い角質を取り除いて肌をよみがえらせ、みずみずしくなめらかにします。さらに、リンパの流れを促進するので、肌の老廃物が取り除かれます。

年齢を重ねるにつれて、毛細血管の酸素の透過性が悪くなります（生理学的老化、紫外線によるダメージ、喫煙が原因です）。つまり、肌細胞の中に流れ込む血液が少なくなるということです。酸素フェイシャルは、肌へのマッサージ効果があるため、毛細血管の障害物を取り除き、肌細胞への栄養を運びやすくすることができます。フェイシャルの大切な目的は、毛穴をきれいにすることです。毛穴がなぜ重要かというと、肌の内部に有効成分（スキンケア製品に含まれるもの）や空気中の酸素を浸透させる最も大きな入り口となるからです。毛穴がきれいなら、吹き出物もできにくいでしょう。なぜなら、酸素の透過性が良い肌ではバクテリアが繁殖しにくいからです。

**ボビイ：女性はどの程度フェイシャルに通うべきでしょうか？**

**マルシア：**理想的には４〜６ヶ月おきです。ただし年に１回でもお肌のためになります。スパに行くことができなければ、家庭でミニフェイシャルをすることも難しくはありません。温めたタオルで顔全体を覆い、タオルの上からやさしく毛穴を押さえます（それだけでいいのです。絶対に爪でつついたりしないでください）。肌に輝きを出したいときは、新鮮なオレンジジュースと重曹を混ぜたもので角質除去をしましょう。炎症を防ぐため、すぐに洗い流すことを忘れないでください。

**ボビイ：次のフェイシャルまで、肌の状態を保つには何をすればいいでしょうか？**

**マルシア：**基本のスキンケアが大切です。マイルドなクレンザーで余分な皮脂を取り除き、表皮から水分が失われるのを防ぐために保湿をします。そして、日焼け止めを毎日つけることです（顔に表れる老化現象の90パーセントは日焼けによるものです）。週に３回は入浴中に角質除去をして、古い角質を取り除きましょう。くれぐれも力を入れてはいけません。やりすぎても、決して効果はありません。

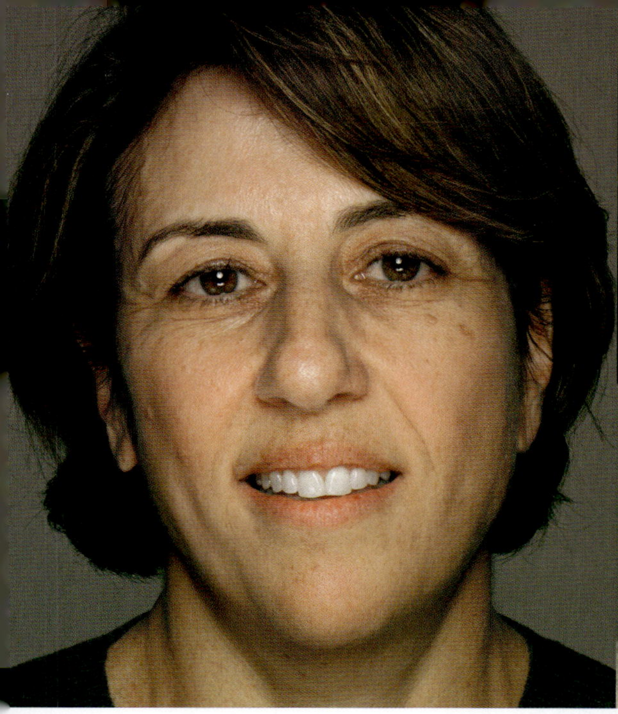

エイミーの肌をなめらかにするために、温かみのあるカラーのファンデーションを使いました。ネクターのチークを頬骨の高いところに入れて、可憐な輝きを出しました。

## エイミー・ラザルスの場合

**プロフィール：**私は、年に１度は炎症を起こすほどの敏感肌です。若い頃は長時間、太陽の下で過ごしていたので、レーザー治療でも消えないほどの頑固なシミがたくさんあります。40歳になったばかりの頃は、年を気にしていませんでしたが、45歳をすぎてから、確実に年齢が顔に表れるようになりました。年齢を重ねるのは決して楽しくはありませんが、くよくよ悩んでいるわけでもありません。フェイシャルはいくつか試しましたが、どれも肌への劇的な効果は見られませんでした。経験からいって、フェイシャルはリラックスして元気を取り戻すためのいい方法だと思います。

**体験：**ブリス・スパで、スティープ・クリーン・フェイシャルを受けました。マイクロダーマブレイション、マッサージ、毛穴汚れ除去、カーミングマスク（肌を落ち着かせる鎮静パック）のコースです。マイクロダーマブレイションは、決して気持ちのいいものではありませんでした。サンドペーパーで肌をこすられているように感じたので、赤くなったりシミになったりしないかと心配でした。毛穴をきれいにした後、エステティシャンがフェイスマスクを塗ってくれたため、すっかり落ち着きました（リラックスできる音楽と暖かいブランケットのおかげでもあります！）。

**効果：**長時間の施術だったので、炎症を起こしているかもしれないと心配しました。フェイシャルが終わってどこにも赤みが見られなかったのは、嬉しい驚きでした。その後数日間、私の肌は手触りも見た目もよみがえったようで、夫からもいきいきして見えると言われました。エステティシャンから、スキンケアを見直す秘訣をいくつか教えてもらいました（クレンザーを変えた方がいいということでした。私の使っていたものではメイクが完全に落ちていなかったのです。それから、もっと肌を柔らかくするモイスチャライザーとシミに効果のあるホワイトニングクリームを薦められました）。いつものスキンケアをちょっと変えることも効果があると思いました。

# ボトックスには、顔の表情ジワを和らげる効果がありますが、私が一番迷いを感じる治療でもあります。

体に不要な化学物質を入れることには反対ですが、少量のボトックスは驚くほどの効き目を発揮します。私は、ボトックスを入れた女性を比較的たくさん知っています。ボトックスは食中毒を引き起こすバクテリアに由来するため、意見の分かれる方法です。しかし専門家によると、精製されたタンパク質が体内にとどまることはなく、ボトックス注射によってボツリヌス中毒に感染することはないといわれています。

ボトックスは、顔の筋肉が縮まないように弛緩させることで効き目を発揮します。約10分の治療の中で、数ヶ所に少しずつ注射をします。小さくつまんだり刺したりするようなチクチクした感じがあります。ダウニー先生と私の間で、ボトックスについての意見は一致しています。過ぎたるは及ばざるがごとし。固まった表情は時代遅れで、今は顔の動きを妨げず自然な表情が残っていることを目指しています。7～10日で効果が表れ、3、4ヶ月は持続します。この治療を選ぶなら、幅広い資格を持つ医師に相談することです。絶対にスパやボトックス・パーティではしないでください。必ず「安かろう悪かろう」という結果になります。技術の低い医師によってボトックスを不用意に注入すると、眉が動かず驚いたような顔になったり、下がったまぶたになったりします（間違った筋肉に注入することが原因です）。

費用：注射箇所の数により幅があります。350～700ドル。*

## ボトックス：少ないほど効果的

ボトックスをしようと決めたら、まずは少量から試すことです。足りなければ（必要に応じて）繰り返せばいいのです。そして、覚えておいてほしいのは、良くない治療を受けると回復に時間がかかるということです。少量のボトックスを眉の間と額部分に入れるだけなら、自然な印象を保つことができます（表情に動きがあることが大切です）。唇にはコラーゲンを入れ、シワにはRestylane◆やCaptique◆を注入、あちこちにボトックス……そんな顔は決して美しくありません。

◆ アメリカ国内における製品名です。薬事法により日本国内では入手できないものもあります。

★ 費用はすべてUSドルで、アメリカ国内における平均的費用です。日本国内においては異なる場合があります。

# 手術をしない「フェイスリフト」——信じられますか?

メスを入れるということは、過去のものになるかもしれません。整形に頼らずにたるんだ肌を引き締める新しい方法がたくさんあるからです。それらの治療効果の証明はまだ十分ではありませんが、次のような方法を試してみるのはいかがでしょうか。きれいになってリフレッシュできるのなら、そして「あら、あの人何かしたわね」という感じにならなければ、私は、これらの方法に賛成です。

## 鍼

髪の毛ほどの細い針を、顔や頭の特別なツボに刺すと、その下にある筋肉が刺激されて、引き締め効果やリラックス効果をもたらします。効果が表れるまでには、かなりの回数の施術が必要になります（週１回の治療を８～12回で１コース続けると効果があるといわれています）。費用：技師の技術レベルによって幅があります。150～250ドル。*

## サーマクール

高周波を使って、たるんだ肌を引き締める方法です。小さな金属の円盤またはプレートから高周波を出し、それが皮膚に吸収されます。高周波によって発生する熱の働きにより、コラーゲンの生成を活性化して肌が引き締まります。ごくわずかなたるみが出てきたばかりの人に、大きな効果があります。すでにたるみが大きい人にはあまり効果がなく、失望することが多いでしょう。たいていの場合、月に１回の治療を２～６ヶ月続けると効果があるといわれています。費用：１回あたり3500ドル。*

## タイタン

光治療のカテゴリーに含まれる、最新の技術です。赤外線で表皮の下にある真皮に熱を加えることにより、皮膚中のコラーゲンが収縮して肌を引き締めハリを回復し、また、新しい弾力のあるコラーゲンの生成を促します。即効性はありません。月に１回の治療を３～６ヶ月続けると効果が見えてきます。費用：300ドルから、治療範囲の大きさに応じて上がります。*

# スキンケア用語：
# 知っておくべき成分

ドラッグストアやデパートでスキンケア製品を見ていると、
抗酸化物質やコラーゲンなどの様々な成分が記載されているため、
高校の化学の授業を受けているような気分になります。
最近のスキンケア製品は、肌を内側からも外側からも
美しくするさまざまな成分が含まれています。

効果がしっかりと証明されている成分もあれば、
拡大解釈されている成分もあります。
どの成分がどのように肌に働くのかを知っておくことを含めて、
女性は誰でも、自分自身のスキンケアエキスパートになるべきです。
よく見かけたり耳にしたりする成分をここで紹介します。

**フルーツ酸（AHA）**　天然由来の酸で、肌表面の古い角質細胞を柔らかくして、肌の自然な新陳代謝を促進する働きがあります。AHAを含むものには、乳製品（乳酸）、穀物（グリコール酸）、柑橘類（シトラス酸）などがあります。部分的に塗ってシワを目立たなくしたり、毛穴を引き締めたりします。

**抗酸化物質**　フリーラジカル（活性酸素。酸化剤として知られています）によるダメージから肌を守ります。フリーラジカルは、大気汚染、喫煙、紫外線などの環境要因により生成される不安定な分子です。このフリーラジカルが肌を攻撃して、小ジワや表情ジワなどの老化現象を引き起こします。抗酸化物質には、ビタミンC（色素沈着を抑えます）、ビタミンE（肌を柔らかくなめらかにするため、多くのモイスチャライザーに含まれます）、そして緑茶（多くのアンチエイジング製品に使われます）があります。

**セラミド**　水分の減少を防ぎ、肌細胞の再生を促します。肌の乾燥、荒れ、ひび割れに最も効果があるため、多くの市販のモイスチャライザーに配合されています。

**コラーゲン**　肌に存在する自然のタンパク質で、部分的に塗って使う場合は、水分保持を目的として配合されています。コラーゲン配合のクリームに、肌のコラーゲンの生成を助ける作用があるかどうかについては、専門家の間でも意見が分かれています。

**銅**　一部の専門家の間では、肌の構造を支えるコラーゲンとエラスチンの生成を助ける作用があると考えられています。また、傷の回復を早める作用もあるといわれていますが、その効果はまだ証明されていません。

**グリコール**　フルーツ酸（AHA）の一種。表面の古い角質細胞を取り除き、新しくなめらかな肌細胞の層を再生するプロセスを促進させる作用があります。

**成長因子**　体のさまざまな部分で細胞の成長をコントロールし、コラーゲンの生成や小ジワや表情ジワを目立たなくする働きをするため、老化防止クリームに使われています。成長因子配合の製品、TNS Recovery Complex◆ は、敏感肌のためレチノイドやフルーツ酸が使えない場合にお薦めです。

**ヒアルロン酸**　肌の保湿を助け、なめらかな表面を作る作用があるため、多くのモイスチャライザーに配合されている糖分子です。

**ハイドロキノン**　皮膚中のメラニンをつくる酵素を抑制する働きのある抗酸化剤。老人性のシミや濃いシミを薄くするために、ハイドロキノン配合のスキンケア製品を薦める皮膚科もあります。

**トレチノイン**　コラーゲンの生成を促進して皮膚を再生する作用を持つビタミンA誘導体。トレチノインは、詰まった毛穴をきれいにする働きがあるため、ニキビ治療薬としても使われます。Retin-A Micro◆、Renova◆ などの部分用クリームには、トレチノインが配合されています。

**大豆イソフラボン**　メラニンの生成を抑えると考える専門家もいて、濃いシミの治療に効果があるとされています。植物ホルモンの一種である大豆イソフラボンは、肌の上でエストロゲンと似た働きをすることから、閉経後の女性が肌のコラーゲンを保つのに効果があるともいわれます。

## 処方箋の早見表：皮膚科でおもに処方される薬◆

| 症状 | 薬 |
|---|---|
| 頭皮の剥離（ふけ） | OLUX Foam® |
| 乾燥、唇のひどい荒れ | Cutivate Ointment® |
| 乾燥、体（特に足）のひび割れ | Salex Cream®（ステロイド外用薬） |
| ニキビ | Differin Cream® |
| 濃いシミ、頑固な吹き出物 | Tri-Luma Cream® |
| 小ジワや表情ジワ | Renova® |

◆ アメリカ国内における製品名です。薬事法により日本では入手できないものもあります。

BOBBI BROWN
beach
Leave-in Hair
Conditioner SPF 15
Soin SPF 15 pour
Cheveux Sans Rinçage
BOBBI BROWN
EXTRA
BALM RINSE DÉMAQUILLANT DOUCEUR
BOBBI BROWN
CREAMY EYE PENC
BOBBI BROWN

## CHAPTER 3

# THE MAKEUP FACE-LIFT

### メイクアップできれいになる

## 若さを保つのに整形はいりません

美しくなりたい女性にとって、美容整形と同じくらい、いえ、それ以上の効果があるのがメイクだと気づいたのは、30歳のときでした。そのとき仲の良かった友人のゲイルは、まもなく40歳。近づいてくる誕生日を嫌がり、「肉体の衰え」が始まるのだと言っては、がっかりしていました。私は10歳年の離れたゲイルをそれほど年上だと思ったことはなく、とても美しい人だと思っていたのですが、ゲイルは私に「美容整形をしようと思って、腕のいい外科医に予約を取ったのよ」と言いました。私は、ゲイルに必要なのは整形などではなく、表情をいきいきと見せる正しいメイクだという絶対の自信がありました。そこで、フレデリック・フェッカイ・サロンに来るように薦めたのです。私はそのサロンでメイクアップアーティストの見習いをしていました。

ゲイルは、サロンに来てくれました。私はブラシや化粧品を手に取る前に、ゲイルを椅子に座らせて、自分の顔のどこが気に入らないのか聞きました。ゲイルはまず、まぶたのたるみが気になると言いました。次に気に入らないのは、肌のたるみ。それから、黄色みがかった顔色と、ゲイルが腹立たしそうに不満を言い終えたとき、私は少し下がって彼女の顔を見つめ、仕事にかかりました。

まずは、肌から始めました。小ジワが目立たないよう、なめらかでふっくらした印象の肌をつくるため、吸収の速いアイクリーム、潤いを与えるモイスチャライザー（保湿クリーム／乳液）、それからリッチなフェイスバーム（保湿クリーム）をほんの少し、やさしくのばしました。目の下の黒ずみを明るくするには、コンシーラー（部分用ファンデーション）をうまく組み合わせて使いました。気をつけなくてはいけないのは、まつ毛の生え際ぎりぎりのところと目頭のくぼんだところにも使うことです。次に、ティントタイプ（薄づきタイプ）のモイスチャライザーをよくのばし、スティックタイプのファンデーションを、色ムラのある部分（鼻や口の周りと横顔）にだけつけました。頬、額、鼻、首にはミディアムカラーのブロンザー（日焼けしたように見せるパウダー）をはたいて、肌のくすみを和らげました。

これでゲイルの肌は完璧です。ここからが、一番楽しいプロセスでした。彼女の特徴を引き立たせるアイテムを使います。ソフトブロンド系のシャドウで、眉を埋めるように描いて引き締め、ボーン(黄味よりのアイボリー)のアイシャドウ(まぶた全体に入れる)、トープ(グレーブラウン)のアイシャドウ(まぶたの下側にぼかす)、そして、目の形に沿ってダークなアイシャドウを目尻側にやや太めに入れます。これらをうまく組み合わせると、くっきりと引き締まった目元になります。次に、ネイビーのアイシャドウでラインを入れて、明るいブルーの目を際立たせます。仕上げにまつ毛をカールして、漆黒のリッチなマスカラを二度塗りします。頬骨に明るいピンクのチークをふわりと丸くのせたら、ほんの少しフェイスバームをなじませて輝きを出します。これで、ゲイルの悩みの種だったシワは、気にならないはずです。最後のステップは、ヌーディなピンク系のリップスティック、リップペンシル、淡いピンクのグロスを唇に重ねづけして仕上げます。私はゲイルに鏡を渡して、仕上がりを見てもらいました。しばらく鏡を見つめていたゲイルは、期待した通り、こう言いました。「あら。あっという間に、美容整形をしたみたい」

私は40歳になったとき、メイクにどれほど大きな効果があるのか、身をもって実感しました。たるみやくすみが目立つようになっても、自分に合った感触と似合う色の化粧品を使って正しくメイクすれば、ハリのあるいきいきした顔を取り戻すことができるのです。私はこれまでに、自分に合ったスキンケア方法とメイクの秘訣を身につけてきたので、整形に頼ろうと考えたことは、一度もありません。

前章では、皮膚科医ジェニーン・ダウニー先生の力を借りて、スキンケアが実際にどのように効果を表し、自分らしさを保ちながらも、より美しくなれるのかを見てきました。この章では、年齢を重ねるにつれて増える美容の悩みを解決するために、私が最も効果的だと考えているスキンケアの方法とメイクのコツを紹介しましょう。

## ボビイのすぐきれいになれる 5つのポイント

### PLUMP
ふっくら

重ねるスキンケア方法(水分の多い保湿クリーム＋リッチなフェイスバーム)によって、肌がふっくらと柔らかく見えます。指の温かみを利用して、なじませましょう。

### BRIGHTEN
明るく

目の下を明るく見せましょう。ピンク系もしくはピーチ系のコレクター(クマ専用のコンシーラー)とイエロー系のコンシーラーを組み合わせて気になる部分をカバーします。まつ毛の生え際と目頭のくぼんだところにも使いましょう。

### POP
ふんわりと

チークは頬骨の高いところにふんわりとのせます。

### DEFINE
くっきり

アイラインを引くときは、アイライナーを目尻から少しだけ外側へのばすように引きましょう。目を開けたときにも見えるくらいの太さにします。

### FINISH
仕上げ

リップスティックやリップペンシルの仕上げには、光を反射して輝く明るい色のグロスを中央に少し重ねましょう。

# 素顔を美しくするには

## スキンケアの方法

美しさを保つための習慣は、スキンケアから始めましょう。クレンジングや保湿をおろそかにしていると、肌に表れてしまいます。肌の見た目や手触りに影響を与える原因は、遺伝のほかにもいくつかあります。食べ物や天候、どのくらいのストレスを感じているかということにも気をつけましょう。肌は毎日変化しています。ある日とても乾燥していたかと思うと翌日には普通に戻っているかもしれません。やみくもに同じ化粧品を使い続けるのではなく、自分の肌が必要としているものは何かを判断し、その都度、普段のお手入れを調節できるようになりましょう。

## ベーシックケア

次の基本的なアイテムは毎日のお手入れに必ず入れましょう。

**クレンザー**　肌が乾燥していると感じたら、クリームベースかオイルベースのクレンザーを使いましょう。クレンジングと同時に保湿もできます。小麦胚芽油などを原料にしたものは、皮膚表面を傷つけることなくクレンジングができるので、お薦めです。またグリセリンが配合されているものは、皮膚の表面を保湿する働きがあります。海藻エキスなど、さっぱりした使用感の成分を使用したウォーターベースのクレンジングジェルは、肌が油っぽく感じられるときに最適です。2種類のクレンジングを使い分けるのが理想的です。普段より肌がオイリーな日やしっかりクレンジングしたい日のためのものと、肌が乾燥していると感じる日のためのものを用意しましょう。ボディーソープは決して顔に使わないでください。表面を傷つけ、硬く乾燥した肌になってしまいます。

**日焼け止め**　夏だけでなく、一年中日焼け止めをつけることをお薦めします。ちょっとした外出や出勤などで外に出るときには、SPF15〜25の日焼け止めを必ずつけましょう。太陽の下で長時間を過ごすつもりなら、SPF30〜50の日焼け止めで紫外線を防いでください。モイスチャライザーの前に日焼け止めをつけ、メイクをします。時間を節約したいなら、普段使いには日焼け止め効果のあるモイスチャライザーでも構いません。

**モイスチャライザー**　メイクをするかどうかに関係なく、いきいきした顔でいるためには、保湿が最も大切です。肌が十分に潤っていないと、くすみや疲れが目立ち、実際よりも老けて見えます。毎日使うものは、さっぱりした保湿ローションがいいでしょう。いつもより乾燥しているときには、ワセリンやグリセリン、シアバターの入ったリッチな保湿クリームを選びます。オイリー肌の場合でも保湿が必要なので、皮脂の過剰な分泌を抑えながら保湿できるオイルフリーのものを選ぶといいでしょう。睡眠中の肌には、リッチで肌再生効果のあるクリームを使ってたっぷりと栄養を与えましょう。フェイスオイルを敬遠してはいけません。すばやく肌をリフトしてくれます。さらに、保湿クリームにリッチなフェイスバームやフェイスオイルを重ねるケアも試してみてください。

**アイクリーム**　目の周りの肌は他の部分に比べて敏感なので、特別なケアが必要です。朝、コンシーラーを塗る前に、保湿力があり、肌に浸透する軽いアイクリーム（潤った感じがするはずです）をつけてなめらかに保ちましょう。夜は、シアバターかビーズワックス（化粧品に配合されている保湿成分）の入ったリッチなバームを使うと、保湿効果が持続して寝ている間も潤い続けます。

## スペシャルケア

肌の調子が悪いときや、何か特別なお手入れが必要なとき、次のアイテムをベーシックケアに加えましょう。

**化粧水**　肌がオイリーに感じるときや、濃いめのメイクをしたときには、クレンジングしきれなかった成分を化粧水でふき取りましょう。最近ではアルコールフリーのものも出ていますので、必要な油分を取りすぎることなく使えます。

**パック**　泥パックで肌表面の汚れや毛穴の奥の汚れを取り除きます。グリセリンやエッセンシャルオイル配合の保湿パックを使うと、肌に水分が戻り、柔らかになります。グリコール酸パックや粒子の入ったパックを使うと、古い角質や毛穴の奥の汚れが落とせます。家庭でのスパ・トリートメントとして、週に1回はパックで肌をなめらかにしましょう。いろいろな種類のパックを使い分けることで、肌をいたわり、肌状態に合ったケアをすることができます。

**美容液**　高濃度のリキッドは、肌に必要な栄養分（主にビタミンCなど）を含み、肌を美しく見せ、老化現象を抑える働きがあります。クレンジングの後、モイスチャライザーの前に使います。

**バーム**　バームは私にとって必須アイテムです。高い保湿効果を持つバームは、顔や手、足、体の部分的な乾燥によく効きます。アボカドエキスやシアバターなどリッチな感触の製品がお薦めです。私は、少し輝きを出したいとき、少量を手のひらにとってメイクがすべて終わった後に頬になじませて使っています。

**エクスフォリエーター（角質除去）**　古くなった角質を除去するためのアイテムです。顔専用に作られたマイルドな処方のスクラブを使って週に1、2回行います。

**フェイスオイル**　昔からある化粧品で、肌の乾燥に大きな効果があり、しかも毛穴を詰まらせることがありません。反対する皮膚科医もいますが、私は美容の専門家として、セサミ、スイートアーモンド、オリーブ、ホホバオイルなどのフェイスオイルの使用をお薦めします。

# プロのように
# ブラシを使いこなす

　メイクアップアーティストなら、正しいブラシはメイクそのものと同じぐらい重要だと言うでしょう。店にもよりますが、ブラシ１本あたり10～50ドルです。メイクアップアーティストのブランドで販売されているブラシは、おおむね品質がよく購入する価値があります。たくさん歩くことをいとわなければ、ドラッグストアや化粧品店、画材店でさえ、いいブラシが見つかるでしょう。

　どのような店に行くにしても、ブラシを探すにはいくつかコツがあります。毛は肌にあてたときに、ちくちくする硬いものではなく、柔らかくなくてはいけません。どのように感じるか、実際に使う部分にブラシをすべらせてみましょう。使用感は、天然素材か合成素材かという材質以上に重要です。毛を手で触ってみて、簡単に抜けないかどうかも確かめましょう。持ち手の長さもさまざまですので、実際に手に持ってみて、使いやすいかどうか確認してください。初心者はまず基本のブラシから始めましょう。

**コンシーラーブラシ**　目頭や下まつ毛の生え際など、コンシーラーを塗りにくい部分に便利です。ニキビのカバーなど部分的に使うこともできます。

**ブラッシュブラシ**　サイドが斜めにカットされトップに丸みのある幅広のブラシです。適量のパウダーを頬にのせることができるので、柔らかい自然な仕上がりになります。

**アイブローブラシ**　斜めになった毛先を使ってアイシャドウを眉にのせます。すき間を埋めながら形を整えて自然な感じに描くことができます。

**アイシャドウブラシ**　小さなふわふわした毛のブラシで、まぶたの下側に入れるアイシャドウを適量取ることができます。

**アイライナーブラシ**　きれいなアイラインをちょうどいい太さに簡単に引くことができます。乾いた状態ではアイシャドウに、湿らせてアイラインを引くと、くっきりと落ちにくく仕上がります。

　中級用としては次のブラシがお薦めです。基本のブラシに追加すると、メイクがより快適に仕上がります。

**ファンデーションブラシ**　フルカバーで洗練された印象を出すのに理想的なブラシです。リキッドタイプ、クリームタイプ、両方のファンデーションに使えます。

**パウダーブラシ**　先端が細くなっているので、どんな輪郭にも使いやすいブラシです。ルースパウダー（粉状パウダー）を均一にのせられるので、完璧な仕上げも簡単です。

**ブロンザーブラシ**　この幅広のブラシがあれば、日焼けしたような小麦色に輝く肌が簡単に作れます。ブロンジングパウダーを均一に、ムラなくのせるときに使います。

**アイシェイダーブラシ**　まぶた全体にシャドウを入れるときに使う幅広のブラシです。ベースとなるライトカラーのアイシャドウをすばやく簡単にのせることができます。

**リップブラシ**　先端が細くなった小さな硬い毛のブラシです。濃い色のリップをきちんと塗ることができます。リップペンシルで輪郭をとってから、このブラシで柔らかくラインとなじませて仕上げます。

**ブローグルーマーブラシ**　歯ブラシのような形をしたブラシです。眉の毛並みをそろえ、形を整えます。

## ブラシのお手入れ

正しくお手入れをすれば、品質の良い
ブラシセットは一生使えます。ブラシを定期的に、
少なくとも2、3ヶ月に1度は（汚れのひどいときや
使う回数が多かったときはもっと頻繁に）
きれいにしてください。
ベビーソープやベビーシャンプーのような
マイルドなせっけんで汚れを落としましょう。
まず、ブラシの先端をぬるま湯に浸します。
手のひらに少量のせっけんをとり、
手のひらを使ってブラシの毛をせっけんで
やさしくもみ洗いしてください。
すすぎは水の中にブラシをつけてかき混ぜます。
タオルで毛の水分をふき取り、必要なら
形を整えます。台の端において乾かします。

## プロの道具

完璧な仕上がりを目指すなら、ブラシのほかに、
あなたのメイクキットに次の道具を加えてみてください。

### MAKEUP SPONGE
メイクアップスポンジ

ファンデーションやクリームタイプのメイク製品を、
のばしたりなじませたりするのに最適です。

### EYELASH CURLER
ビューラー

まつ毛が、まっすぐで下向きにはえているなら、
ぜひ使いましょう。ゴム製パッド付きの
金属製のビューラーを選んでください。

### TWEEZERS
トゥイーザー（毛抜き）

眉を整えるのに役立ちます。
先端が斜めになっていて、ごく細い毛先も
つまむことができるものを選びましょう。

# ベストスキンをつくるには

## 基本

世の中には、生まれつき完璧な肌を持つ女性がいます。でも私を含めてそうでない女性は、完璧な肌に見せるためのちょっとした工夫をする必要があります。ゴージャスな肌を作るのは意外に簡単なので、安心してください。秘訣は——肌にぴったり合ったコンシーラー、ファンデーション、パウダーを正しく使うことだけです。

## コンシーラー

女性をドラマチックに美しくする化粧品を一つだけ選ばなくてはならないとしたら、私は目の下のコンシーラーを手に取るでしょう。驚くほど顔を明るくする効果があるからです。コンシーラーはクマを目立たなくするのに最良の方法です（たとえ疲れていても、たっぷり休んだように見えます）。ファンデーションより1、２段階明るいイエロー系のコンシーラーを選びましょう。明るすぎる色みのもの、ピンクや白が強いもの、粉っぽいものやべたつくものは、避けましょう。

先端が小さく毛の硬いブラシを使って、たっぷりのコンシーラーを目頭のくぼんだ所から目尻まで、下まつげの生え際に沿って入れます。薬指でやさしくコンシーラーをプレスするようになじませます。できるだけ、力を加えないようにしましょう。のばしたりこすったりするとコンシーラーがとれてしまうだけです。それでも暗さが気になる場合は、もう一度コンシーラーを重ねましょう。

パウダーをのせてコンシーラーを安定させると、日中によれるのを防ぐことができます。ベロアのパフや小さなブラシを使ってパウダーをのせましょう。できるだけ自然な仕上がりにするために、色白なら白いパウダーを、明るい肌色、普通、健康的な肌色なら、イエロー系のパウダーを選びましょう。

## ファンデーション

ファンデーションはなめらかで均一な肌をつくる秘訣です。私はメイクアップアーティストとして、イエロー系のファンデーションを使うとどんな肌の色でも自然に見えることを発見しました。自分にぴったりのファンデーションを見つけるには、頬に2、３種類の色をつけて、自然光の下で確かめてみましょう。見えなくなった色があなたにぴったりの色です。ファンデーションを首まで塗らなければ不自然になるという人は、色の選び方が間違っています。２色を用意して、冬用には明るい色を、肌の色が小麦色になりやすい夏用にはやや濃い色を使い分けるといいでしょう。

指またはメイクアップスポンジを使って、均一にしたいところ、特に赤みの出やすい鼻や口の周りに、ファンデーションを点状におきます。顔全体をカバーする場合は、ファンデーションブラシを使ってなじませましょう。

ファンデーションには、薄づきのティントタイプから、カバー力の高い保湿系リキッドやクリームタイプのものまで幅広くあります。それらの違いをみておきましょう。

**ティントタイプのモイスチャライザーやバーム**　肌の色ムラを整えるファンデーションの効果とフェイスクリームの効果を兼ね備えています。ノーマル肌〜ドライ肌で最小限のカバー力が欲しい場合に最適です。

**リキッド、クリームタイプのファンデーション**　保湿力のあるものとオイルフリーの両方があります。なじませやすく、つける量によってカバー力の調整が可能です。リキッドの場合、濃い部分がボトルの底に沈んでいるのでよく振ってから使いましょう。

**スティックファンデーション**　携帯するときに便利なうえ、すばやく簡単につけられるので、私の一番のお気に入りです。ノーマル肌に適したこのタイプは、粉飛びしないので旅行に便利で、シミや傷あとのカバーにも役立ちます。

**コンパクトファンデーション**　パウダリーなので、オイリー肌に最適です。粉っぽい仕上がりにならないように、パウダーが乾きすぎていないものを探しましょう。コンパクトによってはいろいろな種類のスポンジがついていますが、好みのカバー力に応じて量を調節できます。

### パウダー

ファンデーションを長持ちさせテカリを抑えるために、パウダーをはたいて仕上げます。ペールイエロー（淡い黄色）のパウダーなら、どんな肌色もきれいに見えると思います。トランスルーセント（透明色）のパウダーが目に見えないというのは、美容上の大きな誤解です。本当は、肌を青白く見せてしまいます。肌色を「補正する」ための、パープル、ピンク、グリーンのパウダーにも同じような欠点があります。これらは自然な仕上がりにならないので、避けたほうがいいでしょう。シルクのような、空気より軽い感触のパウダーを探してください。私は家ではルースパウダー、出かけるときは携帯に便利なプレストパウダー（固形状パウダー）を使います。ベロアのパフにパウダーをとり、パウダーブラシで余分な粉を落とします。肌がオイリーなら、たっぷりとパウダーを使いましょう。乾燥していると感じるなら、額や鼻、あごだけに使いましょう。

# シンプルビューティーになるためのステップ

**ノーメイク**
グニラの持つナチュラルな美しさを
引き出すために必要なものは、
簡単ないくつかのステップと
彼女に合った製品だけです。

**コンシーラー／ファンデーション／パウダー**
イエロー系のコンシーラーで
目の下の赤みを消し、ティントタイプの
モイスチャライジングバームの上に
パウダーをのせて、
顔色を均一に整えました。

**チーク**
顔を明るくするために、
クリームタイプのピンクの
チークを頬骨の高いところに
入れます。

**リップカラー／リップライナー**
もともとピンクみが強い唇なので、
ピンクのグロスとリップライナーで
際立たせます。

**眉**
眉のまばらな部分を埋め、
軟らかいブローペンシルで
自然な形を作ります。

**シャドウ1**
目元を明るくするため、
ホワイトのシャドウを
まぶた全体に入れます。

**シャドウ2**
まぶたの下側に
グレーのシャドウを入れます。

**アイライナーとマスカラ**
コバルトブルーのジェルライナーを
使って、上まつげのラインを引き上げ、
目をくっきりと見せます。
黒のマスカラを２度重ねただけで、
まつ毛が際立ちます。

メイクアップ後のグニラ

# 美容の悩み
# 目の下のクマ

私の知っているほとんどの女性が、目の下のクマで悩んでいます。クマにはいくつかの原因があります。たとえば、老化のプロセス（目の下の肌が薄くなって表面の血管が透けて見えやすくなる）や、遺伝、アレルギーなどは自分でコントロールできません。一方、睡眠やストレス、喫煙、スキンケアの方法などコントロールできる原因もあります。

### 美の処方箋

目の下のクマを本当に薄くする市販の製品はありません。せいぜいアイクリームで目の周りを潤して、いきいきと見せるぐらいです。目の下のコンシーラーがなめらかになじむ程度の、ライトなアイクリームを見つけることが大切です。シアバターやビーズワックス入りの、リッチで保湿効果の高いアイクリームは、夜に使うと朝まで保湿効果を発揮してくれます。

目のクマがひどい（緑や紫がかった色をしている）場合に最も適した方法は、ピンク系かピーチ系のコレクターをつけてから、イエローベースのコンシーラーを重ねるというものです。ピンク系やピーチ系のコレクターだけで目立たなくなることもありますが、たいていは重ねる必要があります。クマが気になる人は、目の上側にポイントを置くといいでしょう。クマがひどい人ほどまぶたにもくすみがありますので、明るい色（ホワイトかボーン）のシャドウでまぶたを明るくします。下まつ毛のキワにラインを入れたりマスカラをつけたりすることはやめましょう。明るいパステルピンクやピーチのチークを頬骨の高いところにふんわり入れると、目のクマから視線をそらす効果があります。

## ボビイのアドバイス<br>ぴったりのコンシーラー

季節やホルモンバランス、睡眠不足やストレスなどの影響で、コンシーラーを明るめの色に変えたり別の色を使ったりしなくてはいけない場合があります。朝に効果があったものが午後には効果がなくなっているという場合もあるのです。ずらりと色のそろったコンシーラーほど、力強い味方はありません。リップスティックの予備を持っているよりも役立ちます。化粧品は賢く選びましょう。

## ボビイのアドバイス<br>目をくっきりさせる

目頭と鼻の間のくぼみ（アイホールの横）にコンシーラーをつけると、目がくっきりと、明るく元気に見えます。

# 美容の悩み
# 表情ジワと小ジワ、弾力の低下

## 表情ジワと小ジワ

表情ジワと小ジワは、年齢を重ねていくうえですべての人に表れる、避けることのできない症状です。朝起きると、鏡の中にシワを発見することがあります。どう考えても前の晩にはなかったのに！……そんなとき私は慌てないで、たっぷりと水を飲んで肌が失った水分を補い、クリームとオイルの化粧品に手を伸ばします。

### 美の処方箋

シワを取り去ることはできませんが、適切なモイスチャライザーを正しく組み合わせれば、かなり目立たなくすることはできます。どの程度お肌が乾燥しているかによりますが、フェイスオイル、保湿クリーム、スージングバーム（高濃度保湿クリーム）の中から一つまたは全部使ってみてください。その都度、肌が必要としているものを判断しましょう。

肌がとてもごわついていると感じたら、フェイスオイルから始めます。セサミ、スイートアーモンド、オリーブなどの天然エッセンシャルオイルの入ったものを選びましょう。乾燥肌を自然な皮脂レベルに回復させる効果があります。オイルが肌の上でつるつるする感じがあるときは、手でオイルをなじませます。次に、スクワランやワセリン（化粧品に配合されている保湿成分）など保湿効果の高い成分を配合した保湿クリームを使いましょう。手のひらでクリームを温め、やさしく肌になじませます。数分待って、まだ乾燥していると感じる場合は、さらにクリームをつけ足しましょう。私は乾燥がひどいとき、顔の一番乾燥した部分にスージングバームをつけます（シアバターかビーズワックスの入ったものを選びましょう）。

次はメイクです。私は、ティントタイプのモイスチャライジングバームと、モイスチャーリッチファンデーションが気に入っています。シワを目立たなくする効果があります。ヒアルロン酸などの成分が使われている製品を探しましょう。肌の水分を保つ働きがあります。またワセリンが入っていれば、クリーミーな質感を保つことができます。ここで重要なのは色です。必ず自分の肌と同じ色のファンデーションを使いましょう。顔全体が、均一に十分に保湿され、柔らかくなってから色をのせましょう。

## ハリの低下

肌の中のタンパク質、エラスチンが減少すると、ハリが低下します。名前の通りエラスチンは、肌に弾力（エラスティシティ）を与え、ハリのある肌をつくります。このほか、ダイエットの繰り返し、紫外線によるダメージ、喫煙などは、どれも肌のハリを失わせる原因となります。

### 美の処方箋

私の場合は、肌細胞の生成を促進するタンパク質配合のレチノイドクリームを使うと、肌の調子が良くなります。レチノイドは、コラーゲンの生成を促し、引き締まった、みずみずしい肌をつくります。Retin-A Micro◆やRenova◆といったクリームには、レチノイドが含まれています。TNS Recovery Complex◆は肌細胞の生成を促進するタンパク質を含んでいるので、敏感肌に最適です。ただし、値段が高いこととやや刺激臭がすることに注意してください。

メイクについては、シワの気になる場合とハリが失われた場合のいずれも、同じようにクリームベースのメイク製品が効果的です。メイクを濃くして隠そうとしないでください。メイクによって、気になるところから注意をそらすことなら、必ずできます。濃い色のアイライナーを入れ、頬骨の一番高いところにチークをのせましょう。いずれもリフトアップ効果があるはずです。

# 美容の悩み
# シミや傷あと

## シミ

言いたくはないのですが、シミは思春期の女の子を悩ませたりはしません。シミについて不満を言うのは、閉経や更年期を迎えた女性たちです。これはアンドロゲン（男性ホルモン）とエストロゲン（女性ホルモン）のバランスが変化したことから起こる副作用なのです。シミをつついたりせず（感染や傷になる恐れがあります）、レチノイドでお手入れをしてメイクで目立たなくしましょう。

### 美の処方箋

シミを隠すために、コンシーラーを使わないでください。コンシーラーは、肌の色より明るく作ってありますから、かえってシミが目立つことになります。クリーミーで、ミディアムカラーのカバーアップ（部分用ファンデーション）かスティックファンデーションが、シミを隠すのに最適です。リキッドは透明感がありすぎて、十分にカバーできません。肌の色と同じ色を選びましょう。顔の片側にカバーアップまたはファンデーションを何色か少しずつつけて、確認します。肌に溶け込んで見えなくなったものが、ぴったりの色です。

コンシーラーブラシを使って、カバーアップまたはスティックファンデーションをシミの上に点状におきます。薬指でなじませるようにたたきます。それから、ベロアのパフか小さなパウダーブラシでシアーフェイスパウダー（透明感のあるパウダー）をはたいて、カバーアップやスティックファンデーションを安定させます。まだシミが気になるようなら、このプロセスを繰り返して、カバーアップまたはスティックファンデーションにパウダーを重ねます。

## 傷あと

傷あとは、その人を物語る特徴なので、私はいとおしく思います。どんな傷あとも、その女性にしかない特徴として、美しいと思うのです。もし隠したいなら、100パーセント隠すことは不可能だと知っておきましょう。それでも、傷あとを目立たなくしてくれる製品はいくつかあります。

### 美の処方箋

傷あとを隠すのに一番いいのは、スティックファンデーションか、かなりのカバー力のあるロングラスティングタイプ（長持ちするタイプ）のコンシーラーです（目立つ傷あとの場合はこれが最適です）。どんな製品を選ぶにしても、必ず肌にぴったりの色を使います。

コンシーラーブラシを使って、スティックファンデーションや、コンシーラーを直接傷あとの上に塗ります。つける前に手のひらで製品を温めておいたほうがいいかもしれません。一度につける量は少しずつにして、必要なら追加します。カバーが終わったら、ベロアのパフで肌色とぴったり同じ色のフェイスパウダーをつけて、スティックファンデーションやコンシーラーを落ち着かせます。

◆ アメリカ国内における製品名です。薬事法により日本では入手できないものもあります。

# 美容の悩み
# キメの粗さ

肌がなめらかに見えないことを悩む女性もいるでしょう。年齢を重ねると肌の質感が変化して、20代や30代のときより、キメが粗くなります。

### 美の処方箋

正しいファンデーションを使えば肌をなめらかに見せることができます。モイスチャライザーで肌を整えた後、肌の色にぴったり合ったホイップ状ファンデーションを使って肌を均一にします。顔の片側に一筋つけて色をテストしましょう（ファンデーションが消えて見えたら、それがぴったりの色です）。手や腕で確認してはいけません。顔と体の他の部分がまったく同じ色であることは、めったにないのです。

ホイップ状ファンデーションは、保湿タイプとオイルフリータイプがありますが、どちらも濃度が高く、肌の色ムラを埋めてくれるので、キメの粗い肌に効果的です。自然な感じに仕上げるためには、ファンデーションは薄く全体になじませましょう。ややオイリーな状態のときは、フェイスパウダーを額、鼻、頬に（パウダーパフか、より透明感のあるように仕上げたいときはパウダーブラシで）のせましょう。パウダーは、ファンデーションの持ちを良くするだけでなく、肌の質感をなめらかに見せる効果もあります。

# 美容の悩み
# 肌の色ムラ

これは、40代から50代の女性によくある悩みです。肌はまだなめらかなのに、シミができたり肌の色にムラができたりします。紫外線やホルモンの変化によって、鼻の周りに赤みが出たりシミができたりすることもあります。

**美の処方箋**

肌のトーンを均一にするには、ティントタイプのモイスチャライザーかファンデーションが最適です。ごく自然に見せたいなら、肌色に合ったイエローベースのものを選びましょう。明るい肌色から暗い肌色まで、ほとんどすべての女性の肌は、基本の色調として黄色を含んでいます。ピンク系を使うと仕上がりが不自然で「お面」のような顔になってしまいます。ティントタイプのモイスチャライザーかファンデーションは、肌色を変えるものではなく、肌色を整えるだけです。特に鼻や口の周りや顔の脇など赤みの出やすい部分に丁寧につけて、肌の色合いを均一に整えます。

# 美容の悩み
# 赤みのある肌

肌の赤みは炎症（赤みやニキビのような吹き出物を起こす肌の状態）の前触れです。ここでは症状が重くならないうちに行うスキンケアを取り上げます。私は赤みについて相談されたときはいつでも、まずはその人のスキンケア方法を確認します。多くの女性がクレンザーとスクラブを使っているようですが、実はその刺激が強すぎるために、肌が炎症を起こしているのです。

## 美の処方箋

アウトドアが大好きな人なら特に、ＳＰＦ30以上の日焼け止めで肌を守りましょう。肌をさらに刺激することのないよう、粒子の粗いスクラブやパックを避け、AHA（フルーツ酸）の入った製品も使わないようにします。せっけん分を含まないクレンザーと非常にマイルドなフェイシャルモイスチャライザー（フェイスオイルでも大丈夫）を使いましょう。赤みを繰り返すようなら、皮膚科を受診して炎症の治療について相談してください。メトロニダゾールは、クリーム、ローション、ジェルの形で処方され、炎症の原因への殺菌作用があります。

イエロートーンのティントタイプのモイスチャライザーやファンデーションは、赤みを抑える効果があります。グリーンやパープルのコレクターが販売されていますが、手にとってはいけません。グリーンやパープルの色を顔にのせたように見えるだけです。メイクアップスポンジかブラシで、ティントタイプのモイスチャライザーやファンデーションをやさしく顔全体にのばします。そして、タッチアップブラシかスティックファンデーションで赤みの残っている部分だけをカバーします。それでも頬に赤みが残っているなら、チークはやめて、ブロンジングパウダーを軽くのせ、すっきり仕上げましょう。ブロンザーのブラウントーンには、赤みを消す効果があります。顔と首を自然につなげるために、首にもブロンザーをのせます。

# 美容の悩み
# シミ

シミは、紫外線を浴びすぎたことや遺伝によって起こります。多くの女性は、年齢を重ねると必ずシミができるものと考えて、厚化粧で隠そうとします。そんなことをしなくても、よほど頑固なものでない限り方法はあります。シミがなくなると、若々しくいきいきした印象になります。

第２章で告白した通り、若い頃の私は太陽が大好きでした（ベビーオイルやポピンヨード、手作りの反射鏡まで使っていました）。そして多くのダメージをすでに受けてしまったことを知っています。それでも肌を守るのに遅すぎることはありません。まだの人は、今からでも毎日日焼け止めをつけましょう。長時間外にいる予定があるときは、帽子をかぶることです。

### 美の処方箋

シミを薄くするというブリーチが、市販品でも処方薬でも数多く販売されています。いくつか試したことがありますが、効果には失望させられました。私の意見では、皮膚科でのレーザー リサーフェイシングが、最もシミを取り除く効果が高いと思います（レーザー リサーフェイシングについて詳しくは第２章を参照）。レーザー リサーフェイシングを受けた自分の肌に、私はとても満足しています。

レーザーを受ける決心がつかない人や、治療後にまだ薄いシミが残っている人には、メイクでシミを本来の肌色に近づけるという方法があります。肌の色より２、３段階明るいコンシーラーを使います。コンシーラーブラシを使って、シミの部分に的確にコンシーラーを塗ります。それから指でたたきこむようになじませます。次にファンデーションを顔全体につけます。コンシーラーをこすり落としてしまわないように、ファンデーションは力を入れずにのばします。肌色に合ったフェイスパウダーをのせて、ファンデーションとコンシーラーを安定させます。

# 日焼けしたような健康的な輝きを出すには

私は昔から健康的なアウトドア系の印象が好きでした。誰もがネオンのように派手なメイクをした1980年代から90年代初めにも、日焼け肌に自然な赤みのチークが特徴のナチュラルな印象に仕上げようとしていました。今でもそれは、私の一番好きなメイクです。

## ブロンザー

ブロンザーには、いくつかの種類があります。ノーマル～オイリー肌なら、パウダーのブロンザーを短くふわふわしたブラシでのせましょう。ドライ肌に適したクリームタイプのものは、指かスポンジでのばします。ごく自然に仕上げるには、太陽が最初に当たる部分、つまり額、頬、鼻、あごにのせます。ベアトップを着るなら、首と胸元にもブロンザーをつけることを忘れないでください。

自然なブロンザーは、ほぼ間違いなくブラウン（わずかなレッドを含む）を基調としています。オレンジやパールのきついブロンザーは避けましょう。どんな肌色の人でも人工的な印象になってしまいます。多くのメーカーで、ライト、ミディアム、ダークという色調を作っていますので、自然な日焼け肌に見える色を選びましょう。たとえば、太陽を浴びたときにほどよく小麦色になる人は、ミディアムのブロンザーが似合います。なじませやすく、温かみのある肌色になれるブロンザーを選んでください。オレンジが強すぎるときや濃く見えるときは、1段階明るい色を試してみましょう。

小麦色の肌を何日かキープしたいときには、セルフタンニングを試してみてください。セルフタンニング剤は最近大きく進歩していますので、私は自然な感じのきれいな仕上がりを実感することができました。ただし、製品をよく吟味し、腕の内側でパッチテストをしてアレルギーが起こらないかどうか確認することが大切です。均一な色に仕上げるために、肌にざらついた部分があればタンニング剤を塗る前に角質除去しておきましょう。顔にタンニング剤を塗るときは、まずは薄くつけます。さらに濃くしたいなら、再び行う前にセルフタンニングの効果が表れるまで必ず待たなくてはいけません。目の周りを避け、境目ができないように耳と首にもつけるのを忘れないでください。タンニング剤を塗った後は、きれいに手を洗い、吸収されるまで十分に時間を置いてから、服を着たりベッドに入ったりしましょう。翌朝起きて、黒くなりすぎたり筋がついたりという失敗に気づいた場合は、マイルドなピーリングで落として、たっぷり保湿をしておきましょう。

## チーク

私が愛してやまないのがチークです。チークさえあれば、あっという間に明るい印象になるのはもちろん、誰でもかわいらしくなれます。女性なら、少なくとも２色はチークを持っているべきです。ナチュラルな色とポップな色をそろえましょう。ナチュラルな色のチークは、自然に頬が紅潮したとき（またはエクササイズの後）の色を選びます。ポップな色は、明るく透明感のある（肌に溶け込まないはっきりした）色、たとえば、ピンク、コーラル、ローズ、プラムなどがいいでしょう。

チークにはいくつかの種類があります。

パウダーは、最も使いやすい形状です。なじませるのが簡単で、ほとんどの肌タイプに使えます。色が強すぎるなどの失敗をしても、清潔なパウダーパフを使ってなじませると、簡単に直すことができます。

乾燥肌の人やしっとりした仕上がりを好む人には、クリームタイプがいいでしょう。このタイプは、保湿の働きも兼ね備えていて、肌を保湿しながら簡単に色をなめらかにのせることができます。きれいな輝きが出ますが、あまり長持ちはしません。キメの粗い人や吹き出物がある人は避けたほうがいいでしょう。

チークティントや、チークジェルは透明な色が楽しめますが、ちょうどよくなじませるには試行錯誤が必要です。かなりオイリーな肌に最適です。ただし重ねすぎると、シミのように見える恐れがあります。

## 一番似合う色のチークを見つけるためのガイドライン

| 顔色 | チークの色 |
|---|---|
| ややピンクみのある色白 | ペールピンク（淡いピンク）、パステルアプリコット |
| 色白 | サンドピンク（黄味よりのピンク） |
| 普通 | トーニーブラウン（黄味よりのブラウン）系ピンク |
| 明るい小麦色 | ディープブラウン系ローズ |
| 小麦色 | プラム、ゴールデンブラウン、ディープローズ |
| 褐色 | 褐色、ディーププロンズ、ディープレッド |

# 美容の悩み
# くすんだ血色の悪い肌

多くの女性は、特に冬の間、くすんで「沈んだ」肌に悩んでいます。素肌は色あせてくすんでゆき（肌細胞の代謝が遅くなるためです）、頬に子どものような自然な赤みはなくなるでしょう。あきらめてしまわずに、ピーリングをしたりメイクを見直して色を加えたりすることで、血色の悪さを解消しましょう。多くの女性は、私が若い頃の輝きを簡単に再現して見せると必ず驚きます。

## 美の処方箋

スクラブを選ぶなら、顔専用のものを選びましょう。体用のスクラブは、顔に使うには粗すぎて、肌が炎症を起こします。ＡＨＡの一種であるグリコール酸は、表面の古くなった角質を剥がれやすくして新しい肌に生まれ変わるプロセスを促進する働きがあります（グリコール酸を使ったスキンケアについて、詳しくは２章を参照）。

スクラブで新しい肌に生まれ変わったら、セルフタンニング剤かブロンザーで、黄緑にくすんだ肌色を中和します。次に、明るいチークを選び、頬にのせます。ブロンザーが苦手なら、２色のチークを使って輝きを出しましょう。まずはナチュラルカラーのチークで、自然に紅潮したような、運動をしたときのような赤みを頬に出しましょう。色がきつくてなじまなければ、暗すぎるか明るすぎるかのどちらかです。笑ったときに一番頬骨の高くなるところにチークをのせて、髪の生え際のあたりまでなじませます。肌に色を溶け込ませるために、よくなじませてください。最後に、頬骨の高いところに、さらに明るい色をのせて仕上げます。

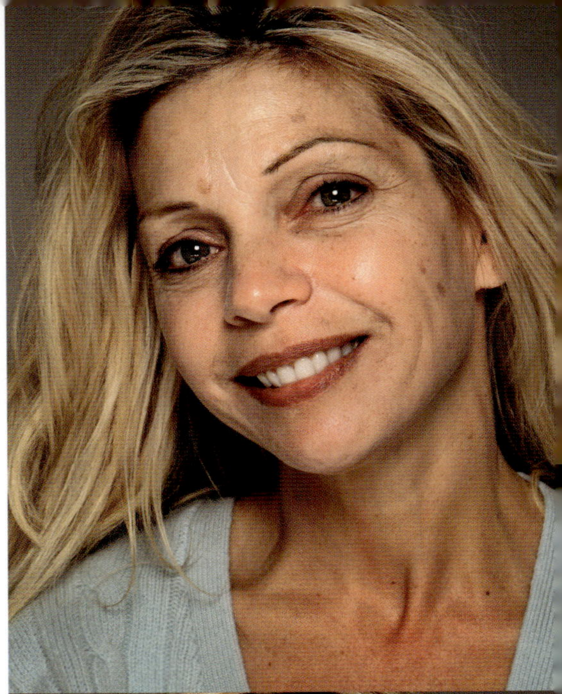

## ボビイのアドバイス
## 明るく見せるために

私の知っている女性は一人残らず、
年齢に関係なく、肌を明るく輝かせたいと願っています。
肌の自然な輝きは、子ども、ティーンエイジャー、
20代や30代の女性でさえ、
自然に備わっている特質ですが、残念ながら
年齢を重ねるにつれて失われていくのです。
でも安心してください。メイクで輝かせることができます。

＊ティントバームで、肌色を均一にして、
一瞬にして輝きを出します。

＊モイスチャライジングバームを手のひらで温め、
チークの上からたたきます。

＊チークをつけた後、シマーパウダー（微粒子状パールの
入ったパウダー）を頬骨の高いところにのせます。

＊メイクが終わったところで、上からそっと
フェイスオイルをつけます。

＊パウダーではなくクリームタイプの
チークをつけます。

# リップスティックの色の選び方

リップスティックの色選びには、厳密なルールはなく、自分のスタイルに合わせることが大切です。失敗のないナチュラルなリップにしたいなら、肌、髪、唇の色を考えましょう(友達のリップカラーが素敵だったからといって、同じ色があなたにも似合うとは限らないのです)。くっきりさせたいのなら、自分の唇より1、2段階濃い色を選びます。色白なら、ベージュやペールピンク、ライトコーラルがいいでしょう。普通の肌色なら、ブラウン系のローズやモーブ(薄紫)、ベリーが似合います。ダークな肌なら、ディーププラム、チョコレート、レッドを選んでください。リップカラーを選ぶときには、アイメイクとのバランスを考えましょう。強いアイメイクには、薄づきのナチュラルなリップが似合います。シンプルなアイメイクなら、鮮やかな深い色のリップスティックをつけるとバランスが取れます(ただし、純粋な赤だけが大好き、あるいは淡い色、濃い色が好きという人は、どんなルールにもとらわれる必要はありません)。

色を決めたら、唇をきれいになめらかにします。乾燥によるひび割れがあるなら、湿らせたタオルでそっと取り除いておきます。リップバームかアイクリームで保湿します。ナチュラルカラーやシアータイプなら、直接塗ってください。きちんと輪郭をとらなくてはいけないダークカラーや鮮やかな色の場合は、リップブラシを使いましょう。自然な仕上がりでにじみを防ぐには、リップスティックを塗った後、ペンシルで輪郭を描きます。ラインが目立つときは、リップブラシでなじませます。

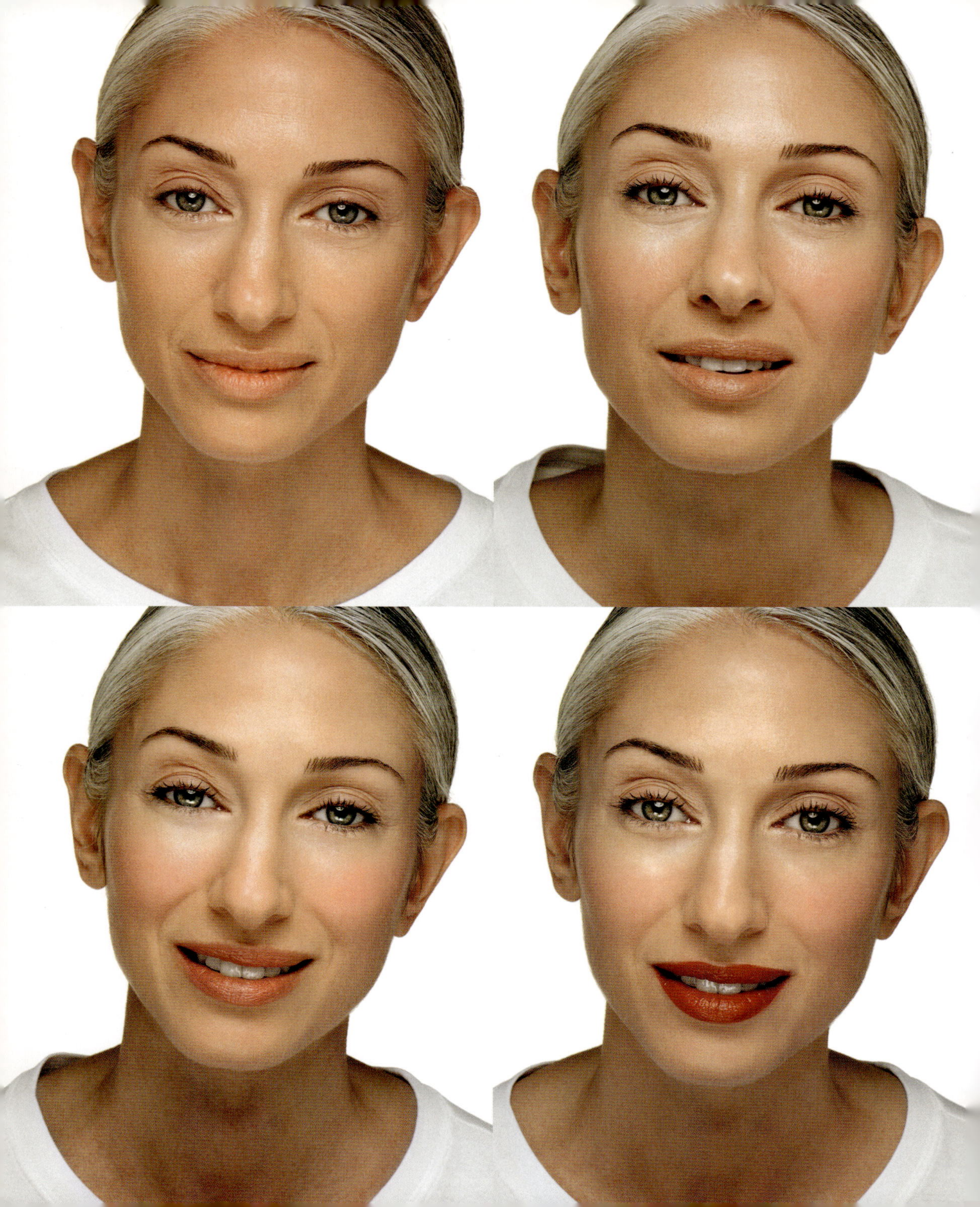

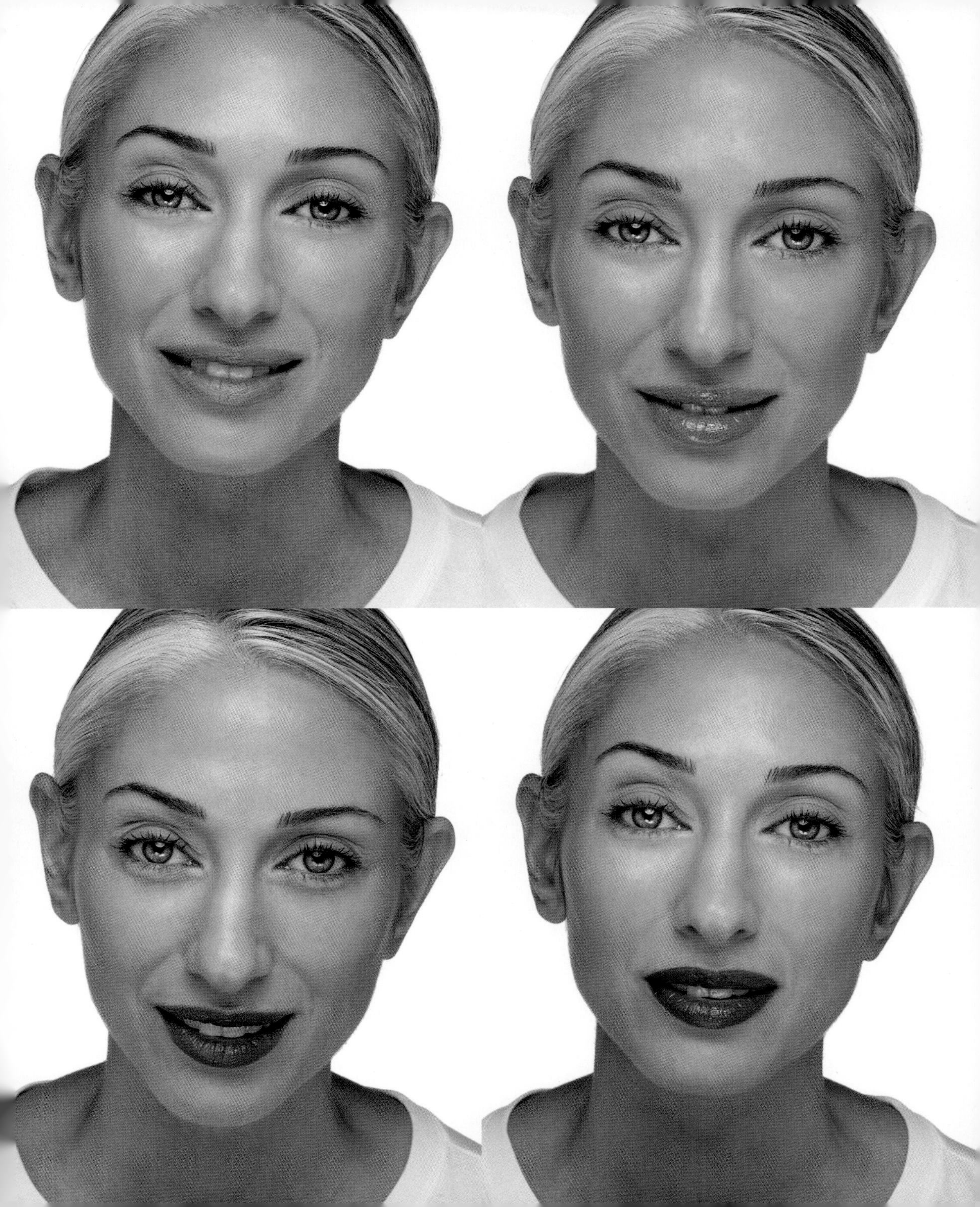

# 美容の悩み
# 薄い唇、ぼやけた印象、口元のシワ

## 薄い唇

40代以上の女性によくある悩みは、唇にふっくらした感じがなくなって「セクシー」に見えなくなったというものです。唇が薄くなってしまうのは、コラーゲンの生成が減少するせいです。そして、ぽっちゃりした若い頃の唇を取り戻したくて、コラーゲン注入をする人もいます。そんなことをしても、偽物で、ごつごつして、奇妙な唇になるだけだと思います。小さな唇、それこそあなたの唇なのです！——それは偽物よりもずっと、美しいのです。

### 美の処方箋

ライトからミディアムの色を選びましょう。ダークカラーは唇をますます薄くみせてしまうだけなので避けてください。輝きの出るグロスやクリーミーなリップスティックがお薦めです。輝きが出ると、ふっくらして見える効果があります。最後に、リップスティックの色より１段階濃い色のペンシルを使って、唇の輪郭ぎりぎりにラインを描きます(唇の外に描かないようにしましょう)。それから、唇をふっくらさせる効果があるというリップバームやグロスやリップスティックに無駄なお金を使わないこと。効果はありません。

## ぼやけた印象

私はたいてい、ごく薄いメイクかノーメイクです。それでもここ数年は、メイクをするとはっきりした印象が戻ってくるので、力を入れるようになりました。唇をくっきりさせる方法を聞かれたときは、唇の色と同じリップスティックとリップペンシルを一緒に使うことを薦めています。

### 美の処方箋

唇をくっきりさせるには、リップスティックかグロスを塗った後、ナチュラルカラーのリップペンシルで輪郭をとるのがいいと思います。ごく自然な仕上がりにしたいなら、唇の色よりやや暗めのペンシルを使いましょう（暗すぎる色のペンシルを使うと、明らかに唇を縁取ったように見えてしまいます)。輪郭をとった後ペンシルの線が見えるときは、リップブラシで線をやわらげてなじませます。

## 口元のシワ

喫煙が健康と美容に及ぼすあらゆる悪影響を考えると、まだ煙草に火をつけている人がいることが信じられません。口元のシワをつくる最大の原因は、煙草なのです（繰り返し口をすぼめる動作が影響します)。遺伝や紫外線も原因になります。

### 美の処方箋

コラーゲンの生成を促すレチノイドか肌細胞の生成を促進するタンパク質を配合したクリームで、口の周りのシワを目立たなくすることができます。これらのクリームは医師の処方箋がないと購入できません（詳しくは、第２章を参照)。

唇に色をのせる前に、保湿クリームで唇をふっくらさせて柔らかくし、十分な潤いを与えておきます（リッチなリップバームやアイクリームが効果的です)。つやのありすぎるリップスティックは、にじんでラインを崩しやすいのでお薦めしません。代わりに、クリーミーでマットなリップスティックとリップペンシルを合わせて使うといいでしょう。ペンシルで輪郭をとって色を塗ったら、リップスティックで固定します（本当ににじみにくくなります)。少し輝きを出したいなら、リップスティックの上に少しグロスをのせます（このグロスはリップスティックに固定されるので、にじむことはありません)。

# 美容の悩み
# 唇のくすみと色ムラ

## 唇のくすみ

自然なさくらんぼ色の唇は、若さのしるしです。年齢を重ねると唇の色は薄くなっていきますが、この悩みを解決するのは簡単です。あなたのメイクセットに新色を追加しましょう。

### 美の処方箋

くすみに悩み始めたら、リップスティックやグロスの色の選び方一つで、今まで以上にがらりと印象が変わります。若い頃に好きだったベージュやブラウン系のリップスティックは、唇をぼやけさせるだけですから、捨ててください。一番の秘訣は、唇と同じ色で、下唇になじませたときにオレンジやブラウンに見えない色のリップスティックを探すことです。色を加えたいときや元気な印象にしたいときは、ピンク、ローズ、ベリー、アプリコットなどのミディアムカラーを選びましょう。

年齢とともに唇の色が暗くなるという、反対の悩みを持つ女性もいます。この場合は、暗く見えないように明るく鮮やかに見えるリップスティックを選ぶことがポイントです。私の叔母のアリスは、茶色がかった青白い唇にペールピンクの口紅を使って、自然な明るさを出していました。ベージュ、ペールピンク、ペールピーチの中から選びましょう。私はときどき、唇にもファンデーションをつけて明るくしてから、リップスティックを塗ることもあります。ただし、粉っぽくなってリップスティックが浮いてしまわないように注意してください。

## 唇の色ムラ

多くの女性は唇の色がもともと均一ではありません。特に肌の色の濃い女性は、上と下で唇の色に差がある場合が多いでしょう。同じ色で塗ろうとするより、違う色を楽しみましょう。とてもきれいです。

### 美の処方箋

唇の色が薄い方に明るい色をつけ、暗い方には暗い色をつけて引き立たせることができます。色の違いが本当に嫌なら、明るい方の唇を基準にしてシアーなダークカラーのリップスティックを使うことで、唇の色が均一になります。それからいつものリップスティックやグロスを上下の唇につけます。仕上げは濃い方の唇と同じ色のペンシルで輪郭をとり、なじませます。

### ボビイのアドバイス
### 完璧なリップメイク

自分の唇の色を生かします。
リップバームと好きな色のリップペンシルを
唇に直接塗ります。
上下の唇を合わせ、
それから指で色をなじませます。

# 眉を整えるには

きちんと手入れされた眉は、あなたの顔を形づくり、洗練された印象を与えます。眉を抜いたり埋めたりするだけで、くっきりと引き締まった目元をつくることができるのです。驚くほど効果的な、完璧なアーチ形の作り方は次の通りです。

両眉の間の余分な毛を抜きます。眉の内側のアーチと目の形のアーチがそろうようにします。眉の下に明らかにはみ出した毛をトゥイーザーで抜きます。毛の生えている方向に沿って、一気に抜きましょう。眉の自然なアーチを強調するために、アーチの下の毛も抜いて形を整えます。そして、外側にはみ出した毛を抜きます。

# 美容の悩み
# 薄い眉毛

私は昔から顔のパーツの中でも眉毛が好きでした。自分の眉毛を好きになったのは、映画『ある愛の詩』でアリ・マッグローを見た10代の頃です。強い眉毛を持つ美しい女性を見たのはそのときが初めてでした。眉は女性の表情に強さを与え、洗練された印象をつくることができます。相手の注意をひきつけて、目に力を与えます。眉を長年にわたって抜きすぎた人や、病気や薬のために薄くなってしまった人は、メイクで力強さを出しましょう。

### 美の処方箋

眉のまばらな部分や欠けた部分を埋めるには、軟らかいアイブローペンシルを使います。ごく自然な仕上がりにするには、少しずつ眉を書き足していくことです。眉を描き終わったら、上からパウダーシャドウを重ねて線をぼかします（必ず眉と同じ色のペンシルやシャドウを使います）。シャドウを重ねるときは、硬めの毛で先端が斜めになったアイブローブラシを使います。眉の色が強すぎると感じたら、パウダーパフを使って、ルースフェイスパウダーを眉の上から押さえて和らげましょう。ブローグルーミングジェル（眉マスカラ）でコーティングして、眉毛の一本ずつが正しい位置をキープするように仕上げます。

一番似合うアイペンシルやアイシャドウの色は髪の色を引き立たせる色です。

| 髪の色 | アイブローの色 |
| --- | --- |
| 淡いブロンド | 明るいアッシュ（灰色）ブロンド |
| 普通〜濃いブロンド | アッシュブロンド〜セーブル（明るいブラウン） |
| 明るい〜普通の茶色 | セーブル〜マホガニー（ブラウン） |
| 普通〜濃い茶色 | マホガニー〜レッド系のブラウン |
| 黒 | マホガニー〜スモーク（深いグレー）（黒は使いません） |
| 明るい赤 | トープかキャメル |
| 普通の赤 | トープ〜レッド系のブラウン |
| 濃い赤 | レッド系のブラウン |
| スレート（淡いグレー） | マホガニーかダークグレー |
| 明るいグレー | スレートかグレー |
| 白 | グレーかトープ |

# くっきりした目元をつくるには

アイメイク製品を選ぶときは、自分の持つ自然な色みやスタイルを考えましょう。人によっては、ナチュラルなアイシャドウにマスカラでさえ、やりすぎに見えることもあります。一方で、ベースカラー、まぶたのカラー、コントゥール（目のキワを際立たせる）、ハイライト、アイライナー、マスカラと、目元はフルメイクが一番似合うという女性もいます。

## アイシャドウ

アイシャドウには、いくつかの選択肢があります。私の好きなパウダーシャドウは、用途が広く使い方も簡単です。ソフトマット（際立たせたいときに万能）か、シマー（微粒子状パールによる輝き。透明感の高いシアーなもの）を選びましょう。グリッター（大小の異なる粒子状パールによる輝き）入りのシャドウは10代専用です。パウダーシャドウの多くはドライでも水溶きでも使え、色の強さを調節することができます。

まぶたの乾燥がひどいなら、クリームシャドウがお薦めです。携帯するのにとても便利で、塗るためのブラシもいりません。種類によってはヨレやすいという場合があるので、まぶたがなめらかでない場合は避けた方がいいでしょう。

一番長持ちするのは、クリームトゥーパウダー（クリームからパウダーに変化するタイプ）です。まぶたが乾燥しすぎていない人にぴったりで、なめらかな肌にのせると最もきれいに見えます。重ね塗りはせず、まぶたに直接塗って、他の種類のシャドウと混ぜないでください。

## アイライナー

目をくっきりと際立たせたいなら、アイラインを入れましょう。アイラインを入れるには次のようなものがあります。

パウダーシャドウは、アイラインを引くときに私が一番頼りにしているアイテムです。簡単に幅広い用途に使えます（どのように引くかによって、くっきりしたシャープなラインも、柔らかくぼかしたラインも可能です）。アイライナーブラシは、薄くて平らな、毛先がまっすぐなものか、やや斜めにカットされたものを使います。ラインを入れるときに、目の下に濃い色のシャドウが落ちないように、余分なシャドウをブラシから落としておきましょう。もう一つのコツは、シャドウをつける前にブラシの毛先を湿らせておくことです。シャドウがブラシにつきやすくなるだけでなく、シャドウの持ちを良くする効果があります。

アイペンシルは、失敗が少ないことから人気があります。さまざまなメイクブラシをそろえておくのが嫌いな人にお薦めです。ワックス系のものはにじみやすいという欠点がありますが、それでもペンシルを使いたいなら、長持ちさせるためにパウダーシャドウを重ねるといいでしょう。

ドラマチックな仕上がりを目指すなら、リキッドかジェルライナーを試してみましょう。ウォータープルーフでロングラスティングタイプなので、涙もろい人や、朝から晩までキープしたい人にお薦めです。

このように、アイメイクには万能な方法はありません。ただし、私の基本のステップで、ベーシックなアイメイクができます。これを基本にして、場面やかけられる時間によって応用してください。

**1.** ライト、ミディアム、ダークの３色のアイシャドウを選ぶ。
**2.** ライトカラーをまぶた全体にのせた後、アイシャドウブラシでミディアムカラーをまぶたの下側にのせる。
**3.** くっきりさせたいなら、少し暗い色を目尻に引く。
**4.** ジェルライナーかダークカラーのアイシャドウで、アイラインを引いて仕上げる。アイラインは、上だけでも上下に引いても構いません。目の周りすべてにラインを入れるときは、上下のラインが目尻で合うようにしましょう。

1.

2.

3.

4.

## マスカラ

多くの女性は、マスカラをつけずに外出しようとは夢にも思わないと言います。簡単に目元を華やかにできる方法だからです。マスカラには処方によっていろいろな種類があり、仕上がりや効果もさまざまです。市販されている代表的なマスカラを紹介しましょう。

**ボリュームマスカラ**　顔料、ワックス、ポリマー(皮膜形成物)が配合されていて、まつ毛一本一本を太く見せるものです。まつ毛が薄い人に適しています。ボリュームタイプは、たっぷりつけることができるように、密度の高い硬い毛の棒状ブラシがついています。

**ロングマスカラ**　ロングマスカラをつけると、繊維によって、短いまつげを長くすることができます。まつ毛を強調しながら、自然な仕上がりが楽しめます。ボリュームマスカラより濃度が薄く、そのため薄くコーティングできます。ロングマスカラを、細く間隔のあいた硬い毛のブラシでつけると、ボリュームを出さずにまつ毛を強調できます。

**ウォータープルーフマスカラ**　水に強い処方でできています。運動をする人や涙目の人に最適です。強力なポリマー配合なので、毎日つけるのはお薦めしません。ウォータープルーフマスカラを落とすには、オイルベースのメイクアップリムーバーが必要です。

誰にでも似合うマスカラの色は、純粋な黒だと思います。よりナチュラルな感じにしたければ、ブラウンを選びましょう。ブルーやプラム、ハンターグリーン(カーキーグリーン)などの流行色は避けてください。つける前に、ブラシの端をティッシュにつけて余分なマスカラを落としましょう。ブラシをチューブの中に何度も出し入れすると、空気が押し込まれて乾燥の原因となりますので、やめましょう。ブラシ棒を床と平行に持ち、付け根から先端に向かってまつ毛につけます。まつ毛が束にならないように、ブラシを回転させながらつけましょう。

上まつ毛には、常に下からマスカラをつけましょう。上からつけると重みでまつ毛が下がってしまいます。下まつ毛にもつける場合は、上まつ毛より軽くつけます。1、2度塗りで軽い仕上がり、2、3度塗りでドラマチックな仕上がりになります。

### ボビイのアドバイス<br>まつ毛カールのコツ

まっすぐで下向きにまつ毛が生えているなら、
カールしたほうがいいでしょう。
まつ毛全体を挟むことのできる幅のある
ビューラーを使い、ゴムのパッドが正しい位置に
ついているかを確認します(そうでなければ
金属部分でまつ毛を切ってしまいます)。
必ずマスカラのついていない状態でカールしましょう。
マスカラをつけた後でカールすると、
傷みやすくなります。上手にカールするには、
まずまつ毛の根元を挟み、
数秒間待ってから引き上げます。

BOBBI BROW

# 美容の悩み
# ぼんやりした目元、まぶたの小ジワ

## ぼんやりした目元

私が目元の変化に気づいたのは、40代になってからでした。それまではいつも、アイメイクは最小限にとどめていました。ところが、ぼんやりしてきた目元の印象をくっきりさせるには、毎日アイラインを引いたほうがいいと気づいたのです。

### 美の処方箋

アイライナーは、目元の印象を強めるために、最も効果的な方法です。マホガニー、ネイビー、フォレストグリーン、黒など暗い色のアイライナーを選びましょう。まずは上のまぶたから、できるだけまつ毛の生え際近くにラインを引きます。目頭から目尻に向かって引きましょう。上側のラインを描いたら鏡をまっすぐ見て仕上がりを確認します。目を大きく開いたときにも見えるぐらい太く描きましょう。下側にも入れるなら、同様にします。上と同じ色を使ってもいいですし、1段階明るい色を選んでも、目を際立たせながらやさしい印象に仕上げることができます。上下のラインが目尻で重なるように気をつけましょう。

よりくっきりした目元にしたい場合は、ミディアムカラーのアイシャドウのうち暗い色のものを使う方法もあります。まぶたの下側にまつ毛に沿って外側3／4にミディアムのシャドウをつけます。真っ黒のマスカラを2、3度重ね塗りしても、ドラマチックに目元を強める効果があります。

## まぶたの小ジワ

目の周りに小ジワがよる原因は、老化、紫外線、遺伝などがあります。屋外ではサングラスをかける習慣をつけましょう。その他にも、いい方法があります。

### 美の処方箋

アイメイクをする前に、ベロアのパフでフェイスパウダーをまぶたにつけると、表面をなめらかにすることができます。まぶたには、ファンデーションをつけてはいけません。アイシャドウが粉っぽく、シワがかえって目立ちます。シアー系のアイシャドウは、光を反射してシワっぽいまぶたに注意をひくため、避けましょう。クリームシャドウは、油分が強すぎる配合や乾燥の強いものでなければ、効果的です。ソフトマットなシャドウでヌードやブラウン、グレー、ラベンダーといったライトからミディアムのカラーを選ぶといいでしょう。

### ボビイのアドバイス<br>黒のアイライナー

黒のアイライナーは、ナチュラルメイクが
好きな女性でさえ、ゴージャスでセクシーな
目元に変身できる秘密兵器です。
普通のアイライナーの上に黒の
アイライナーを重ねます（上まつ毛の生え際）。
黒のマスカラを二度重ね塗りすれば、
本当に違いを実感できます。

# 美容の悩み
# まぶたのたるみとくすみ

## まぶたのたるみ

「眠そうな」目（多くの女性が言う「たるんだ目」）は、まるで女優エレン・バーキンのように、とてもセクシーだといつも私は思います。それでも、わたしたちの年代になると、セクシーを通り越して、疲れているようにしか見えないまぶたになる場合もあります。認めたくはないのですが、たるみをなくすために美容整形をして悩みが解決したという女性もいます。それでも私は、美容整形は最後の手段であって、メイクで目元を驚くほどリフトアップができると信じています。

### 美の処方箋

上手に形を整えた眉は、まぶたを引き上げて見せる効果があります。あなたの顔に一番似合う眉毛が生まれつき備わっていますから、整えるだけで十分です。両側の眉の間とアーチの下にある毛を抜きます。次に、アイブローブラシを使ってパウダーシャドウで眉をくっきりさせます（シャドウカラーの選び方は79ページを参照）。整えた眉毛をキープするために、ブロージェルをつけます。

もう一つ、まぶたを引き上げる方法は、アイライナーブラシを使ってダークカラーのパウダーシャドウで、目の周りにラインを入れることです。上のアイラインは、下よりも太く強く描くこと。このためには、まず上まつ毛の生え際から始めましょう。それから、ブラシに残ったシャドウで下まつ毛の生え際に入れます。上下どちらのラインも、目頭では細めに、目尻に向かってやや太くなるように描きます。上下のラインが目尻で合うようにし、目を引き上げるためにやや上に向かってぼかします。濃い色のジェルライナーも効果的です。

メイクをすることが楽しいという人、もっと試してみたいという人は、ブラウンやスレート、モカなど（肌なじみのいい色）のミディアムからディープカラーのシャドウで、目元の立体感を出しましょう。まずは目尻のやや上からアイホールのくぼみに沿うように上向きにシャドウを引きます。次に目尻の下から、アイラインに沿うようにシャドウを引きます（つまり、逆向きのくの字を描きます）。このときのコツは、一度に多くの色を使わないことです（色を混ぜるのは難しく、失敗のもとです）。眉骨（眉のアーチのすぐ下）に沿ってハイライトをのせることも、眠そうなまぶたから視線をはずして上に引き上げる効果があります。アイメイクの後、指にホワイトかボーンのシャドウをとり、眉骨に沿ってそっとたたきます。漆黒のマスカラを二度塗りすれば、いっそう引き締まってくっきりした仕上がりになります。

## まぶたのくすみ

女性のまぶたにたくさんの色があることは、美しいと思います。それは自然のアイシャドウなのですから。次に鏡を見たとき、「悩み」はまったく悪いものではないと気づくに違いありません。

### 美の処方箋

まぶたのくすみに効くスキンケア用品はありません。でも大丈夫です。メイクでまぶたのくすみを簡単に明るくすることができるのです。まずは、イエロートーンのルースパウダーをまぶたにのせます。ベロアのパフを使って押さえても、幅広のアイシャドウブラシではたいても構いません。さらにまぶたを明るくするには、ソフトマットのアイシャドウをまぶた全体に入れます。色白の人ならホワイトを、明るめから普通の肌色ならボーン、濃い肌色ならバナナを選びましょう。まぶたの下側には、クリーム、ペールピンク、ピーチのような明るい色を試してみましょう。暗い色（目がくぼんで見えます）や、ローズ系、赤みのある色（もっと疲れて見えます）は避けましょう。

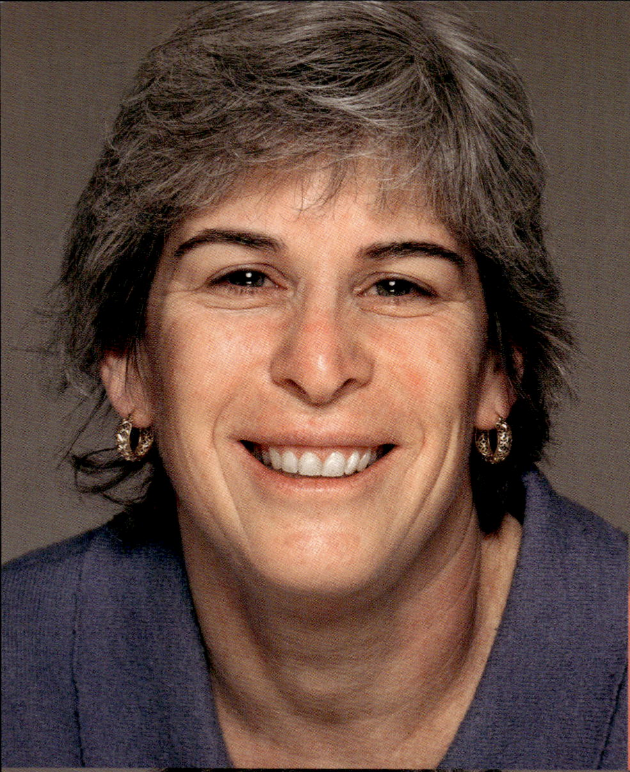
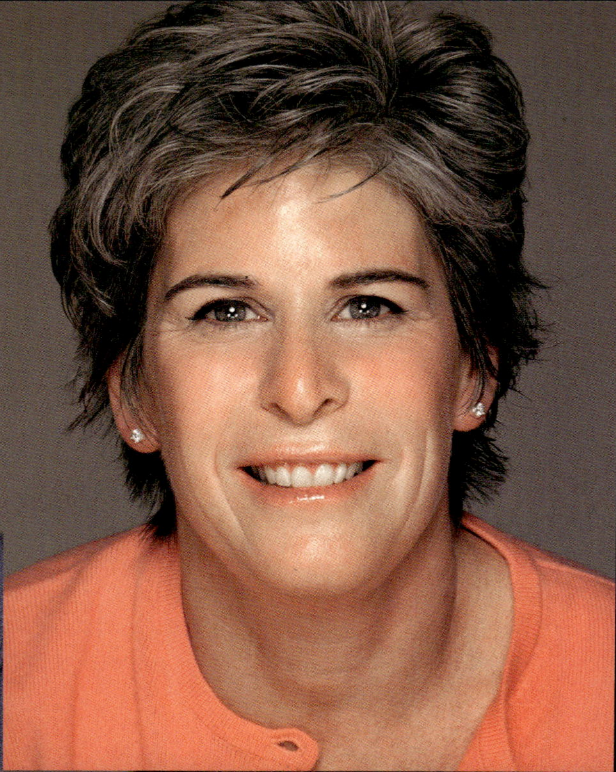
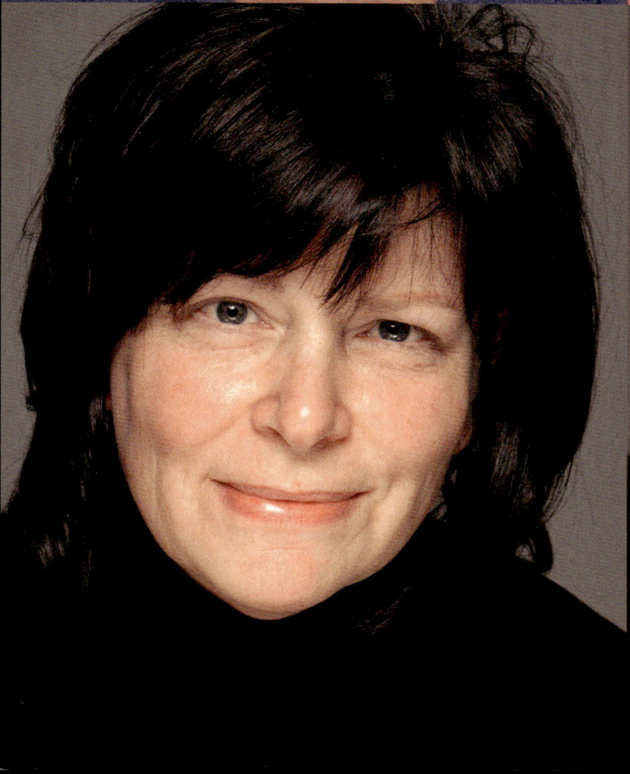
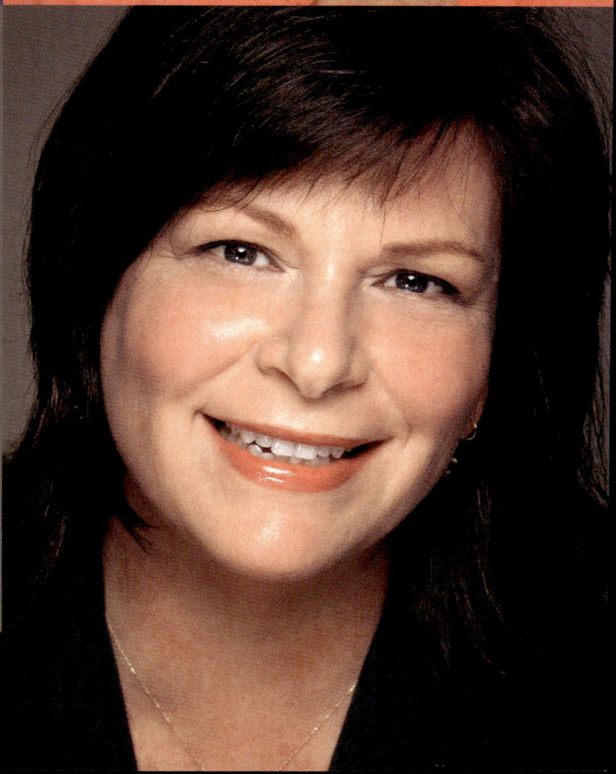

# 美容の悩み
# まつ毛が少ない、まつ毛がない

ほとんどの女性がマスカラのパワーを知っているため、マスカラは一生のうちに最も長い間買い続けられる化粧品です。だからこそ、加齢や病気のせいでまつ毛が少なくなったとき、当惑してしまうのです。マスカラを使いすぎてもきれいには見えません。秘訣は、アイライナーと一緒に使うことです。

### 美の処方箋

漆黒のマスカラをまつ毛に2、3度薄く重ね塗りして、ボリュームを出します。重ね塗りは1回の厚塗りよりかなりの効果があります。それからまつ毛の生え際に沿って、アイラインをぼかします。これはまつ毛を太く見せる効果があります。

### ボビイのアドバイス
### まつ毛をつくる

化学療法などでまつ毛を失ってしまったら、
二重にアイラインを引くとまつ毛に見えます。
乾いたアイライナーブラシを使って、
ダークカラーのパウダーアイシャドウ
（ダークブラウン、グレー、チャコール）を
できるだけまつ毛の生え際近くに入れます。
そのラインは太くぼかして引きましょう。
次は少しブラシを湿らせて、同じプロセスを
繰り返します。プレスするようにブラシを使って、
細めのラインを引いてください。

# 眼鏡をかけている人のための
# 完璧なメイクのコツ

眼鏡をかけている人の目には、視線が集まります。ですから、アイメイクはシンプルな方が似合います。アイメイクをしすぎると、眼鏡と衝突してうるさい印象になるだけです。この場合は間違いなく、少ないほど効果的です。上まつ毛のキワにだけラインを入れ、ナチュラルでスモーキー（深いグレー）なシャドウをまぶたの下側に、マスカラを上まつ毛だけに軽くつけます。明るくはっきりした色は、唇にとっておきましょう。

眼鏡のフレームは、眉にも視線を集めます。眉の形をきちんと整えておくようにしましょう。余分な毛は抜くかカットし、すき間はブローペンシルかパウダーシャドウで埋めます。

度数のせいで目が小さく見える場合は、アイラインを引きます。これは目を大きく見せる確実な方法です。まつ毛の上と下にラインを入れると、くりくりした愛らしい目になります。度数のせいで目が大きく見える場合は、軽い力でアイメイクをして、よくなじませてください。眼鏡でメイクのいい加減な仕上がりを拡大されないよう、気をつけましょう。

ＰＳ：眼鏡を買うなら、ナチュラルカラーを選びましょう。ブラウン、ブラック、透明のプラスチックフレームか、金か銀の金属フレームがお薦めです。明るい色のフレームはすぐに古臭くなります。

# 完璧なメイクキットの作り方

２種類のメイクキットが用意してあると、とても便利です。家に置いておくキットと、外出先や旅行中に化粧直し用として持ち運ぶキットです。

## 自宅用キット

**クレンザー（洗顔料とアイメイクアップリムーバー）**
**アイクリーム**
**モイスチャライザー**
**コンシーラー**
**ファンデーション**
**ルースパウダー**
**アイシャドウ（ライト、ミディアム、ダークの３色）**
**マスカラ**
**ブロンザー**
**チーク**
**リップスティック**
**リップグロス**
**リップペンシル**
**メイクアップブラシ**
**（アイブロー、アイシャドウ、アイライナー、コンシーラー、パウダー、チーク、リップ）**
**メイク道具**
**（メイクアップスポンジ、ベロアパフ、トゥイーザー、ビューラー）**

## 携帯用キット

**コンシーラー**
**スティックファンデーション**
**プレストパウダー（オイリースキンの場合）**
**チーク**
**リップスティックまたはリップグロス**

## 憂鬱を吹き飛ばす美容の習慣

ゆったりと入浴します。ときどきは、
何にも邪魔されずにさっぱりと
リフレッシュする時間を持たなくてはいけません。
少なくとも週に１度は必ず、自分にご褒美をあげること。
お風呂には、リラックス効果のあるバスソルトや、
肌を柔らかくするパウダーミルクを入れて、
悩みを全部洗い流してしまいましょう。

手首や耳の後ろ、鎖骨にパフュームオイルを
軽くつけましょう。香りは記憶を引き出す
強い力があるので、幸せな気持ちになる香りを選びます。
ローズエッセンシャルオイルの香りを嗅ぐと、
私はいつも、ローズの香水をつけていた
祖母と過ごした子ども時代を思い出します。
その他、気持ち良く過ごしたスパでの時間を
思い出させてくれるエッセンシャルオイルも気に入っています。

マニキュアかペディキュアをつけましょう。
できればネイルサロンに行くことをお薦めします。
これは私が短時間でいい気分になれる方法の一つです。
シアーピンクやペールピンクのネイルカラーは、
きれいなだけでなく、失敗がありません
（プロのような腕前でないからといって
心配しなくていのです）。ネイルを塗る前に、
電子レンジで数秒温めたオリーブオイルを
使ってキューティクルをマッサージします
（爪のオイルは、ネイルを塗る前にふき取ります）。

BOBBI BROWN
EYE SHADER
BLUSH
FACE PALETTE / PALETTE VISAGE
PEACH BISQUE
BISQUE
LT. BISQUE
PALE PINK POT ROUGE
LIP Color
#4
STICK
DIST. BOBBI BROWN PROFESSIONAL COSMETICS,
NEW YORK, N.Y. 10022 • LONDON W1K 3BQ • PARIS. MADE IN CHINA [E2X]
BOBBI BROWN
BOBBI BROWN
EYE BROW
EYE SHADOW
BOBBI BROWN

## CHAPTER 4

# YOUR CROWNING GLORY

## 最高に輝くあなたのティアラ

### カットとカラーリングできれいになる

私が最初に白髪を見つけたのは25歳のときです。それまでは、カラーリングをしたことはありませんでした。最初は3、4ヶ月おきにヘアサロンに行く程度でしたが、それがすぐに6週間おきになりました。そして、認めたくはないのですが、今では根元の染め直しに2、3週間に1度は行っています。最近サロンに行ったとき、私は他の女性たちとおしゃべりをするようになりました(髪が染まるのを待つ間にできることといったら、おしゃべりぐらいです)。髪を維持するのにどれだけ手間がかかるか、好みに合うカラーやカットを保つのがいかに面倒かということを、嘆きあっていたのです。すると、一人の年上の女性が私たちの不平不満をさえぎって、なるほどと思う指摘をしました。「それでもね、少なくとも、何かすることができるじゃないの！　それでずいぶん変わるのだから」。まったく彼女の言う通りでした。

私は長い間、いろいろなヘアスタイルを試してきました。レイヤーを入れたシャギー、いくつかの失敗パーマ、まじめそうなボブ、ピクシーカット(非常に短いヘアスタイル)。それで分かったことは(大変な回り道でしたが)、逆毛を立てて作りすぎた髪型は、年齢にかかわらず格好悪く見えるということです。年配向けの髪型もだめです。完璧でシンプルなカットを探さなくてはいけません。ここでも、「過ぎたるは及ばざるがごとし」が当てはまります。

私は、ヘアスタイリストのマリオ・ディアブの力を借りて、自分を最も魅力的に見せるスタイルをついに見つけました。肩の長さで少しソフトなレイヤーが入ったカットです。ウェーブをつける日もありますし(スタイリング剤などをつけて、自然乾燥するだけです)、ストレートにブローする日もあります。マリオによれば、変化がつけられるということは、いいカットの基本だそうです。「同じカットでもスタイリングによって、エレガントでクラシックにも、快活でモダンにもセットできます」と彼は言います。自分が最高に魅力的に見えるヘアスタイルを見つけるには、どうすればいいでしょうか。この章では、マリオから教えてもらった、髪についてのプロによるアドバイスと簡単なコツを紹介しましょう。

# 髪についてのQ&A

**ボビイ：モダンでありながら流行に流されすぎないヘアスタイルを探している女性に、何かアドバイスはありますか？**
**マリオ：**レイヤードボブなら失敗がありません。必ずいきいきした印象になります。また、肩の長さで長めのレイヤーを入れたスタイルも、すそに動きが出るのでお薦めです。ショートにしたい人は、ミア・ファローのような、動きのあるピクシーカットを試してみましょう（トップに入れた短いレイヤーでボリュームが出ます）。

**ボビイ：どんなカットにすればいいか、決める方法はありますか？**
**マリオ：**何よりも、自分らしさを考慮したものでなければいけません。出かけることが多くて、簡単なお手入れを望む（あまり時間をかけたくない）人なら、ショートからミディアムで動きのあるカットを選びましょう。基本的に、短いヘアスタイルほど手入れが簡単です。全体的にレイヤーを入れるのも、カジュアルな感じが強くなるのでいいですね。そういうカットは、セットしすぎない方がきれいです（少しスタイリング剤をつけて、束感を出すだけで十分です）。もっとクラシカルで洗練された印象の人なら、ワンレングスのボブか、顔回りにレイヤーを入れたミディアムカットがいいでしょう。扱いやすく変化をつけられる形がいいなら、長めに切った前髪にミディアムからロングのシャギーが何かと便利です。日中は前髪をブローして残りをポニーテールにしておいたり、全体をストレートにブローして下ろしておいたりできます。夜に華やかな感じを出したいときは、レイヤーごとに一束ずつブローして動きを出すとボリュームが出ます。

**ボビイ：洗いっぱなしに向いているカットはありますか？**
**マリオ：**動きのあるショートが一番です。タオルドライの後、ポマードを使って手ぐしで形をつけます。レイヤードボブも試してみましょう。ブローのときに頭を逆さまにすると、形とボリュームが決まります。ポニーテールも失敗がありません。

**ボビイ：髪が薄くなってきたときに、何かできることがありますか？**
**マリオ：**ショートからミディアムの長さで全体にレイヤーを入れて、ふっくらした感じに見せましょう。短く立体感のある部分をつくると、レイヤーをふっくらさせておくことができます。育毛効果のあるシャンプー、コンディショナー、ムース、ジェルを試してみましょう。1本1本の毛根を丈夫にして、ボリュームのある髪をつくる作用があります。

**ボビイ：髪にボリュームを出したいときは？**
**マリオ：**トップに多めにレイヤーを入れて、すそには動きを出してもらいましょう。スタイリングのときは、毛の流れと反対方向にブローします。さらにボリュームアップしたいなら、カーラーを使いましょう。ボリュームアップ用のムースを根元を中心につけて、カーラーで巻きます。

**ボビイ：枝毛のお手入れでいい方法はありますか？**
**マリオ：**髪は、植物にとてもよく似ています。健康を保つために水分が必要なのです。まずはたっぷりの水を飲むことから始めましょう。水分が足りないと毛根が髪の毛の水分を吸い取ってしまうので、乾燥や枝毛の原因になります。保湿シャンプーとディープコンディショナーを少なくとも1回につき15分間浸透させて、週に2回は使うといいでしょう。最後に、枝毛のカットをサロンで頼みましょう（少なくとも1センチはカットするべきです）。正しいケアをすれば、枝毛が再発することはありません。

**ボビイ：眉間のシワを隠すために前髪を下ろしておくというのは、いかがでしょうか？**
**マリオ：**前髪を下ろすと、額のシワから視線をはずす効果があります。前髪が顔に覆いかぶさったり、重すぎたりしないように気をつけましょう。失敗例で多いのは、重くまっすぐな前髪です。すそを柔らかくカットしてもらい、毛先を顔に沿うようにスタイリングしましょう。

### ボビイのアドバイス
### 薄い髪をカバーする

髪から地肌が透けて見える部分に、
太いアイシャドウブラシを使って
パウダーアイシャドウで
（髪の色に合った）「色」を
入れるのも効果があります。

# ヘアカラーについての
# シンプルガイドライン

**ボビイ：女性が髪の色を変えたい場合、似合う色はどのように見分ければいいでしょうか？**
**マリオ：**ある人には自然に見える髪の色が、別の人には不自然に見えることもあります。その人の持つ自然な色（目や肌の色）を見て色調を見極めなくてはいけません。ブルーやグリーン、ヘーゼルといった色の瞳で肌の色が色白から明るめなら、クールな色調のヘアカラーに。ブラウンや黒の瞳で普通からダークな肌色なら、ウォームな色調のヘアカラーがいいでしょう。クール調の場合、アッシュやベージュ系（単色の場合）が一番似合います。ハイライト（際立たせるために髪の色を明るくすること）を入れる場合も、アッシュやベージュ系の色にしましょう。ウォーム調の場合、ミディアムからダークカラー（単色の場合）に、ハニーかゴールドのハイライトを入れましょう。

**ボビイ：不自然に見えないように白髪を隠すことはできますか？**
**マリオ：**できます。ただし、白髪が増えるにつれて、難しくなります。単色で全体をカラーリングすると、きつい印象になるだけでなく、根元が目立ちます。白髪を目立たなくする一番いい方法は、ローライト（立体感を出すために髪の色を暗くすること）で暗い色を入れる部分と、ハイライトとを全体に織り交ぜることです。

**ボビイ：何年もカラーリングを続けた後、白髪に戻すにはどうすればいいでしょうか？**
**マリオ：**白髪に戻すには、時間と忍耐が必要です。まずはカラーを入れた毛先を切り、白髪の根元をできるだけ出します。6週間ごとに、0.5～1センチずつカットしていきます。新しい髪と古い髪の色の差が目立たなくなるように、セミパーマネントカラーリング剤（半永久染毛剤。2、3週間、効果がある）で境目にローライトを入れます。

**ボビイ：ダメージを受けた黄ばんだ白髪には、どんな方法がありますか？**
**マリオ：**黄ばみを中和するには、色補正のできるバイオレットシャンプーを、週に1、2回は使いましょう。ダメージ緩和には、ひと月に1回、クリアなヘアグロストリートメント（傷んだ髪用トリートメント）をしましょう。サロンでのグロストリートメントは比較的安価で、時間も15分ほどしかかかりません。

**ボビイ：カラーリングはどのぐらいの頻度ですればいいでしょうか？**
**マリオ：**完全な白髪なら、3、4週間ごとにカラーリングしましょう。半分ぐらいが白髪なら、5週間おきです。根元は8週間おきに手直ししましょう。全体のカラーリングは、トリートメントと同時に3ヶ月ごとにしましょう。

**ボビイ：自宅でカラーリングをしてもいいでしょうか？それともサロンへ行くべきですか？**
**マリオ：**髪の色を少し変える程度なら、自宅でも構いません。色を大きく変えたり、ハイライトを入れたりするなら、プロに任せましょう。

**ボビイ：自宅でのカラーリングについてアドバイスをお願いします。**
**マリオ：**必要な道具をすべてそろえておいてください。手袋、濃い色のタオル（染料がついても目立たないもの）、ビニールのケープ（ない場合はゴミ袋でも代用できます）が必要です。肌を守るために、質感が硬めのクリームかワセリンを髪の生え際と耳の上に塗っておきます。ヘアダイを混ぜたらすぐに髪に塗りましょう（混ぜた瞬間から作用が始まります）。一度に少しずつ塗っていき、1本ずつの髪の根元から先端までにいきわたるようにします。

**ボビイ：ヘアカラーを長持ちさせる方法はありますか？**

**マリオ：**太陽を長時間浴びたり、塩素の入ったプールで泳いだりすることは避けてください。色落ちの原因になります。髪を洗いすぎるのもやめましょう。シャンプーは、週に2、3回で十分です。カラーリングした髪専用のマイルドなシャンプーや、髪の色に深みを与える褪《たい》色防止シャンプーも試してみましょう。

## ジムでのヘアスタイル

私はブローしたてのスタイルを崩したくないというだけの理由で、エクササイズを休むことがあります。しかし、汗をかいた後は必ずいい気分になるので、後で後悔します。そこで、ジムでヘアスタイルが崩れない秘訣を、マリオに聞いてみました。ここで紹介しましょう。

ロングヘアなら、首や背中に髪がつかないように、ポニーテールにします。低い位置でポニーテールをつくると、頭の汗が毛先に集まってしまいます。

前髪が湿って額に張りつかないように、コットンのヘアバンドで顔を出します。このヘアバンドはタオルの代わりに髪を伝ってくる汗を吸収してくれます。

運動後、ベビーパウダーを平らなブラシか丸ブラシに取り、髪をとかします。ベビーパウダーに含まれているタルカムが髪の油分と汗を吸収してくれます。低温のドライヤーで余分なパウダーを落とします。

**ジョーイ**は、自然な白髪がよく似合う幸運な女性の一人です。「生まれつき授かったものを最大限に生かすことが美容」だとジョーイは言います。髪について唯一の悩みは、黄ばんできたこと。すでにバイオレットシャンプーを使っていましたが、シャンプーが髪にいきわたる時間が短すぎて効果を発揮していませんでした。そこでシャワー中の約10分間、ずっとシャンプーを髪につけておくようにしたところ、効果が表れました。

# ハイライト
# 顔がぱっと明るくなる

マリオによると、ほとんどの人には生まれつき自然なハイライトがあるといいます。年齢とともに、髪の色があせたり濃くなったりするのです。きれいなハイライトを入れると、メイクや十分な睡眠と同じくらい、顔を明るく元気に見せる効果があります。しかも嬉しいことに、ハイライトはほとんど誰にでも似合います。

全体に単色でハイライトを入れるより（これだと単調でやりすぎな印象になります）、同じ色調の中からバランス良く何色かのハイライトを入れるのがお薦めです。マリオも「最も自然な印象をつくるには、ウォームな色調のハイライトを髪の奥と後頭部に入れ、やや明るいハイライトをトップに、一番明るいハイライトは頭の前側に入れるのがよいでしょう」と言っています。このようにグラデーションのあるハイライトは、太陽の下にいるときの髪の色に似ています。ハイライトは、肌にきれいな輝きを与えるだけでなく、カットに動きが出て毛先が柔らかく見える効果があります。

毎月ハイライトを入れ直したいかもしれませんが、過剰な感じになってしまうので、やめましょう。3ヶ月おきに入れ直すだけで十分です。ハイライトを入れることに決めたら、似合う色の選び方は、右記を参考にしてください。

## 髪の色とハイライト

### BLONDE
ブロンド

自分の髪の色より3～6段階明るい色から
どれを選んでも構いません。暗いブロンドなら、
アイスブロンドなどのクールな色調を選びましょう。
ゴールデンブロンドなら、ゴールドとベージュの
ハイライトを混ぜることもできます。

### LIGHT TO MEDIUM BROWN
明るい茶色～普通の茶色

ハイライトはゴールドです。
縞模様にならないようにするには、髪の色より
2、3段階明るい色の中から選びましょう。
それ以上明るい色は使いません。

### BLACK
黒

キャメルなどのウォーム調がいいでしょう。
髪の色より2、3段階明るい色の中から選びましょう。
それ以上明るい色は使いません。

### REDHEAD
赤

すでに、自然なハイライトがあるので、
ローライトを入れて立体感を出しましょう。
髪の色より1、2段階暗い色にします。
ハイライトとローライトでは、
ハイライトは基本色より明るい色、
ローライトは暗い色を入れるところが違います。
根元を目立たせないようにするには、ハイライトと
ローライトを組み合わせるのが一番です。

# 眉は
# 髪のカラーリングと合わせる?

髪の色を少し変えただけなら、眉にいつも使っているパウダーシャドウやペンシルの色を、少し調整するだけで大丈夫です。どんな髪の色にも、それに合う眉の色があります。お薦めの色は、第3章をご覧ください。

しかし、髪の色をドラマチックに(たとえば、暗い茶色から明るいブロンドへ)変えたときは、眉も新しい髪に合う色に染めた方がいいでしょう。サロンで髪を染めたら、眉のカラーリングも頼みましょう。家庭で染めても構いませんが、目に染料が入らないように注意してください。髪に合う色になるまでどの程度待つかは、何度も試してみるしかありません。自信がないときは、結果を待たずに、すぐ洗い流しましょう(もう一度やってみればいいだけです)。

## 次のサロンまでに
## ボビイのホームケアを試してみましょう

メイクバッグの中に、白髪の根元を
目立たなくするのに役立つアイテムが
入っていることに気がつきました。髪の色に合う、
濃いパウダーアイシャドウ
(アイシャドウブラシでつけます)、
ブラウンのマスカラ(髪に使うときは、
まつ毛と同じブラシを使わないでください)、
それからブラウンのジェルアイライナー
(これも先程と同じアイシャドウブラシでつけます)です。

家庭で染める場合は、セミパーマネントタイプで
漂白剤の入っていないヘアダイを使いましょう。
私はClairol Professional社の
Beautiful Collection*を愛用しています。

髪全体を染めたくないとき、私は根元だけを染めます。
Nice'n Easy's Root Touch-up*は、
届きにくいところにも届く小さなブラシ付きで、
10分程度で仕上がります。

近くの美容用品店で、ヘアクレヨンかヘアカラーペンを
探してみてください。塗りやすく
(軽い力で髪に塗るか押しつけるだけ)、
シャンプーするだけで落とせます。
おすすめはColorMark*のもので、
ほとんどのヘアカラーに合う12色から選べます。

*アメリカ国内製品名。

# 髪の色にぴったりの
# メイクパレット

## ブロンド

ブロンドなら、髪の明るさを引き立たせるような、柔らかいパステル調のメイクがきれいです。暗い色のメイクだとコントラストが強すぎて、きつい印象になってしまいます。

**アイ**

ボーン（黄味よりのアイボリー）、アッシュ、ペタル（薄ピンク）のアイシャドウに、ダークブラウンのアイライナー。

**チーク**

ペールピンク（淡いピンク）かネクター（深みのあるピーチ）のチーク。

**リップ**

ライトからミディアムのピンク、ピーチ、ローズ。

## 明るい茶色

髪が明るい茶色の場合、つやのない肌に見えてしまうことが多いので、ミディアムのナチュラルカラーに透明感のある明るい色を使って輝きを出します（自然な感じのハイライトも効果があります）。

**アイ**

ボーンやトープ（グレーブラウン）のアイシャドウに
マホガニー（ブラウン）のアイライナー。

**チーク**

ペールピンク、サンドピンク（黄味よりのピンク）、
トーニー（黄味より）のチーク。

**リップ**

ピンク系ブラウン、柔らかいローズ、透明感のあるベリー。

## 普通の茶色

普通の茶色の場合、肌が色みを失って見えるため、ミディアムのナチュラルカラーと明るい色でややコントラストをつけます。

**アイ**
ボーン、ベージュ、グレーのアイシャドウに
ミディアムブラウンのアイライナー。

**チーク**
ペールピンク、紅潮したようなピンク、
ピンク系ブラウンのチーク。

**リップ**
ピンク系ブラウン、ローズ系ピンク、透明感のあるレッド。

## 濃い茶色から黒

濃い茶色や黒の髪の人は、肌が青白く見えるため、顔には色を加える必要があります。

**アイ**
ボーン、ライトブラウン、モカのアイシャドウに
ダークブラウンかチャコールのアイライナー。

**チーク**
ローズ系ピンク、ブラウン系ピンク、
ローズ系ブラウンのチーク。

**リップ**
ピンク系ブラウン、プラム系ブラウン、ブルーレッド(青みのレッド)。

## 赤

赤みをおびた褐色の髪は、顔色を温かく見せるので、それを引き立たせるメイクをしましょう。

**アイ**
ボーン、トープ、モスグリーンのアイシャドウに
レッドブラウンからダークブラウンのアイライナー。

**チーク**
ミディアムブラウン、ローズ系ブラウン、
アプリコットのチーク。

**リップ**
ピーチ、ライトブラウン、ブラウン系ピンク、レッド。

## 白／グレー

グレーの髪は顔の色を沈めて、疲れた印象にしてしまうことがあります。クール系の明るい色のメイクで、明るく元気に見せることができます。

**アイ**
ブルーの瞳には、白とグレーのアイシャドウにスレート（淡いグレー）かネイビーのアイライナー。ブラウンやグリーンの瞳には、よりナチュラルな色のアイシャドウ。

**チーク**
ソフトピンクかコーラルのチーク。

**リップ**
ヌード、ローズ、ピンク、コーラル、レッド。
どれを選んでもいきいきした顔になります。

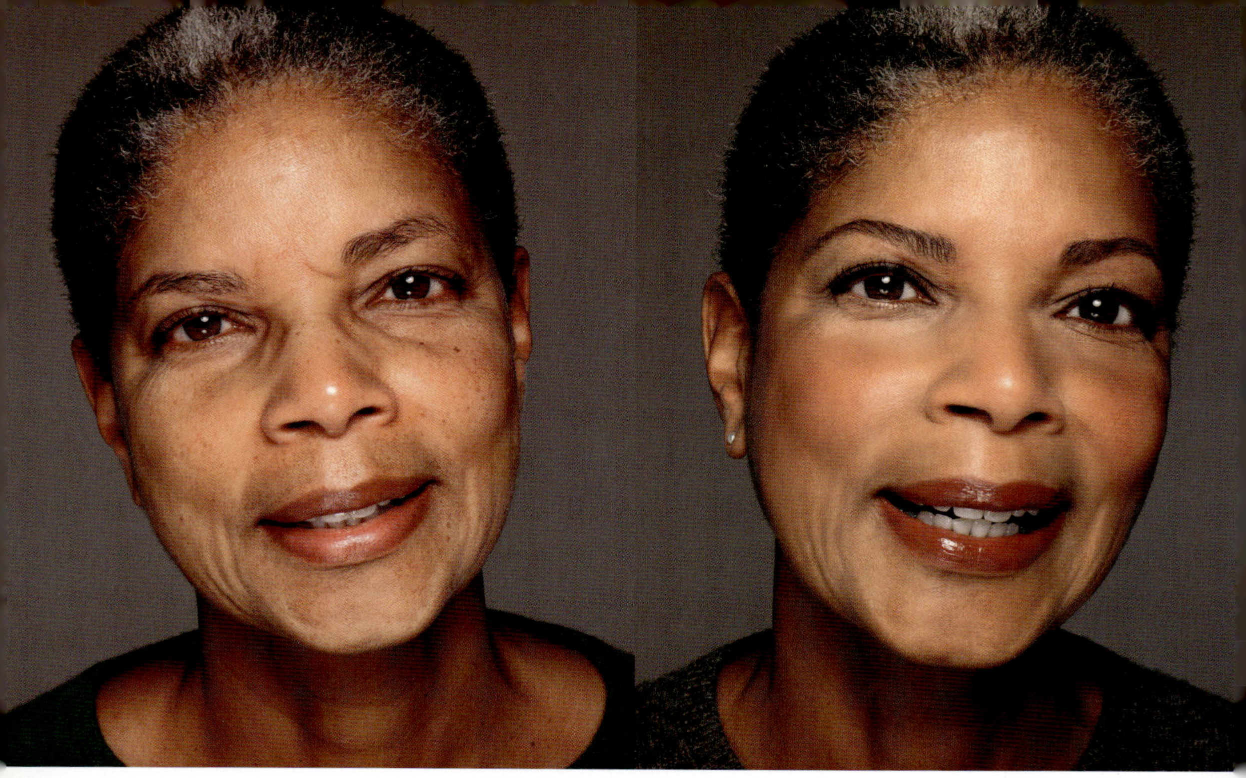

## 2種類のゴージャス

シャロンは白髪が好きでしたが、髪を染めたらどうなるか知りたいと思っていました。そこで暗めのアッシュブラウンに染めたところ、仕上がりを気に入ってくれました。シャロンの新しい髪の色に合わせて、メイクも変えなくてはいけません。深みのある色合いが必要だったので、ブロンザー（日焼けしたように見せるパウダー）で顔に温かみを出し、透明感のあるメープルブラウンのリップで唇を少し色づけました。ゴージャスで近づきがたい印象だったシャロンが、ゴージャスで近づきやすい印象になりました。

## CHAPTER 5

# INSTANT UPDATES

### すぐに新鮮な印象になれる

## 時間を巻き戻す意外な方法

私はこれまで、いくつかの定番の服から抜け出そうとして、何度もクローゼットの中身を入れ替えたり、処分したりしてきました。けれども、この黒のパンツが私の探し求めていた「理想の1着」かもしれないと思うと、また黒のパンツやネイビーのスーツを買ってしまうのです。下着となると、もっときれいなデザインでスタイルよく見えるブラとショーツはないだろうかと、ずっと探し続けています。

私が完璧なワードローブにこれほど一生懸命になる理由は、自分の体が1日ごと、1週間ごとに変化しているからなのです。ホルモンバランスの乱れや体に水分がたまったりすることによって、体型や似合う洋服は変わってしまいます。快適にボタンを留めていたスーツが、2日後に突然、窮屈に感じられることもあります。そうなると決まってイライラする私は、とうとうクローゼットにいくつかのサイズの洋服と下着をそろえておくことにしたのです。だから、少し太ったと感じたときには、きつすぎるパンツに体を押し込んだりせず、大きめのサイズをはくことにしています(そんなことは誰にもばれません)。

私は、長い間、毎日一緒に仕事をしてきた優秀なスタイリストやファッション関係者から、このようなコツをたくさん教えてもらいました。この章では、特に役立つもの——完璧なブラの選び方、スタイルよく見せる洋服選び、歯の美白やキラキラ輝くイヤリングで顔を引き立てる方法——をご紹介しましょう。

# まずはいいファンデーションから

いいファンデーション（基礎・土台）が必要なのは、顔だけではありません。私は、幸か不幸か胸が豊かなほうだったので、自分に合うブラを見つけるために常に情熱を注いできました。胸が小さければ、スリムに見えて洋服をきれいに着こなせるし、エクササイズもしやすいのではないかと思います。私はここ数年で、肌触りが良く、補正やサポート効果がある下着の重要性にようやく気がつきました。それは、野暮ったい昔のスタイルの下着がいいと言っているのではありません。今は、ナチュラルなデザインできれいなボディラインが出る商品がたくさんあります。

素敵に見えるかどうかは、最初に身に着けるもので決まると考えているので、私は下着をたくさん持っています。人生にリハーサルはありません。だから私は、本番である毎日を快適に過ごせる下着を身につけていたいのです。普段用にはシンプルで、肌触りが良くカップの丸いアンダーワイヤーブラ、生理前にはブラ・エクステンダー（ブラのフックの間にはめるエキストラフック）、特別な予定のある日のためにデミカップブラをそろえています。下着のラインを見せたくないので、気持ち良くフィットするビキニタイプとアウターにひびかないブリーフタイプのショーツも持っています。そして、ちょっと太ったときのために大きめのブリーフも用意しています。

私が下着を探しによく行くお店は、ニュージャージー州モンクレールにあるJohari*です。ここのオーナー、デボラ・ファーは、下着一つで洋服が格好良く見えたり台無しになったりすると言います。「サイズの合わないブラや下着を着けている女性は、ひと目で分かります。洋服の線がきちんと出ていないですから」とデボラは言います。「正しい下着を着けていると、体型がすっきりと、バストアップして見えます。それに洋服もきれいに決まります」。デボラから教えてもらったアドバイスを、紹介しましょう。

**ブラのサイズを6ヶ月おきにチェックして、**いつでもブラが体にきちんとフィットしているようにしましょう。胸のサイズや形は、妊娠、体重の増加や減少、加齢によって絶えず変化し続けます。毎月のバイオリズムに合わせて大きく変化するという女性もいます。

**ブラを買いに行くとき、**カップやアンダーバストのサイズではなく、フィットしているかどうかに気をつけましょう。カップやアンダーバストのサイズはメーカーによっても違いますので、どのブラでも同じサイズを買うというわけにはいきません。たとえば、ヨーロッパ製のほうが、アメリカ製よりもおおむね小さく作られています。

**ブラのアンダーバストが、**ぴったりで締めつけ感がないブラは、体に合っています。アンダーバストは使っているうちに1センチは伸びるので、調整の余地を残しておきましょう。カップが余ったり胸がはみ出たりせず、両方の胸がカップにぴったり収まるものを選びます。胸が大きめの人は、肋骨から胸が持ち上がるものを選びましょう。ストラップは、着けるたびに調整します。肌に食い込まない程度に、できるだけぴったりと合わせましょう。

**一つのデザインだけにこだわらないでください。**少なくとも、3タイプのブラをそろえましょう。普段のブラはサポート効果があって乳首を隠すもの、スポーツブラは、運動のときに胸が揺れるのを抑えるもの、フォーマルな装いのためには、プランジブラ（カップがV字に切り込まれたブラ）かストラップレスブラ。どのようなタイプの洋服に合わせるのかを考えて選びます。

**体のラインが、**一番きれいに見えるように、ブラを調整します。背中が「ハム」のようになると見苦しいので(締めすぎが原因です)、真ん中のフックで留めましょう。締めつけすぎることなくサポートできます。よりすっきりしたボディラインを目指すなら、シームレスブラ(ワコールなどのメーカーから出ているレーザーカットによるブラは縫い目がまったくありません)、アンダーバストが幅広でサポートパネルがついたブラ、カップつきのタンクトップを試してみましょう。

**ぴったりした**洋服や体のラインが出るニットを着るときは、BodyWrap*やSPANX*などの補正下着で体型をカバーしましょう。おなかに贅肉があるなら、タンクトップやTシャツ型のものを試してみましょう。ショートパンツタイプなら、おなかとヒップの脂肪をカバーし、パンツにもスカートにも合わせられます。重ねることを恐れてはいけません。

## ボビイのアドバイス<br>安全ピンの裏技

長い間、雑誌やテレビのスタイリストと
一緒に仕事をするうちに、たくさんの秘訣を
教えてもらいました。中でも私が気に入っているのは、
「安全ピンの裏技」です。あっという間にスリムに
見せることができます(テレビ出演や写真撮影のときに、
計り知れないほどの効果を発揮してくれます)。
方法は、ブラのストラップを後ろで一つにまとめて
安全ピンで留めるだけ。とても簡単な方法ですが、
バストアップして2キロは痩せて見えます。

*アメリカ国内製品名、ブランド名、またはショップ名。

# あなたの好み、体型に合わせた装い

私が洋服を着るときに最優先するのは、着心地の良さです。自分に似合うものを見つけてからは、ずっとそれを大切にしています。アバンギャルドなものやファンキーなスタイルには関心がなく、いつも清潔感のあるシンプルなものを心地良く感じます。試行錯誤の末、自分に一番似合うのは、体にぴったりのジャケット（ルーズなチュニックジャケットだと大げさになります）、すそで少し広がった細身のパンツ、そしてスリムなセーターだということが分かりました。かつてはショート丈のセーターしか似合わないと（私はとても背が低いので）思っていましたが、最近になって少し長めのデザインが実は背を高く見せてくれることに気づきました。ネイビーやブラウン、黒、白、グレーなどのニュートラルな色に魅力を感じます。ただし、ときには明るいピンクやフレンチブルーなどのさし色を加えることもあります。

服装に自分らしさを出している女性は、素敵だと思います。年齢を重ねても、ますます若々しくおしゃれな服を着ている女性（ただし娘と張り合おうとしているようには見えない女性）を見ると、わくわくします。私は、ファッションについてアドバイスが欲しいときはいつも、友人である有名スタイリスト、デボラ・メディロス-ベイカーに電話をします。ファッションについて知りつくしているデボラなら、どんな洋服を選べば、きれいに見えて気持ち良くなれるのかを教えてくれます。ここでは、デボラが教えてくれたアドバイスを紹介しましょう。

洋服は、着ていて気持ちがいいということが大切だと思います。ただし、着心地がいいということは、だらしないという意味ではありません。シンプルでエレガントなものを選べば失敗がないでしょう。これは、「過ぎたるは及ばざるがごとし」のパターンです。予算が許す限り最高の素材（できるだけカシミアを選ぶこと）と、最高の靴を選びましょう。流行は意識するにとどめ、すぐに飛びついてはいけません。時々ワードローブを見直して（年に1、2回）、くたびれたものや古臭いものを（貴重なヴィンテージものでない限り）処分します。着心地が悪くなるか、2年以上使っていない洋服や靴は、処分するべきだといえます。まだ使えるビジネススーツやアクセサリーなら、ドレス・フォー・サクセス（Dress for Success：恵まれない女性のために仕事探しなどをサポートする団体）のような組織が引き取ってくれるでしょう。

下着は非常に重要です。特に、今までにないたるみや脂肪がつき始める年齢になったら尚更です。ぴったりのブラとボディウェアには引き上げ効果があり、体のラインをすっきり見せてくれます。フットレスのストッキング（SPANX*がお薦め）はジーンズやパンツ、スカートの下にはくのに最適です。ドレスの下には、ワンピース型でボトムがショートパンツになった補正下着をお薦めします（私はNancy Gantz*の製品が好きです）。ライクラ（ストレッチ素材）のキャミソール（Sassybax*、SPANX*、Only Hearts*、Hanro*のものが高品質）は効果抜群で、シャツやブラウス、セーターの上からは着けていることがまったく分かりません。

ボディラインがきれいに見える素材は、風合いと張りのあるものです。ニット、マットジャージー（伸縮性のある素材）、各種ゲージのウールは、体にまとわりつくことなく優雅なドレープ（布などのひだ）ができるので、体のラインをカバーできます。シャルムーズ（高級絹織物）やサテン、ある種のシルクは、体の線を目立たせるのでやめましょう。また、柄物を敬遠してはいけません。中くらいの柄なら失敗がありません（細かい柄物は幼い印象に、大きな柄は派手な印象になってしまいます）。鏡をのぞいて、いろいろな角度から柄が似合っているかどうか確認してください。柄は控えめに取り入れ、無地を組み合わせてバランスをとるようにします。

## 応急処置キット

外出中には予期せぬ出来事が起こるもの。
何かをこぼした、すそがほつれた、
ブラの留め金が壊れた……こんなとき、
次の応急処置キットがあると重宝します。

ウェットティッシュ：手の殺菌、服についた
食べ物や化粧品のふき取りに使えます。

シルバーと黒の安全ピン：すそがほつれたとき、
ブラや取れたボタンを留めておきたいとき、
ネックレスの留め金が壊れたときにも使えます。

ウィッグ用のテープか両面テープ：
首回りの空きを調節して留めておいたり、
ブラのストラップが見えないように
留めておいたりできます。これは、
糸くずや犬の毛を取るのにも便利です。

小さな折りたたみ式のはさみと、
糸を通してある針を入れたソーイングセット。

急いでいるときに髪のぱさつきや
肘の黒ずみに気づいたら、小さなボトルに入った
ボディローションが便利です。

Bounce*（衣類の柔軟剤）シート、ヘアスプレー、
静電気による衣類のまとわりを
防ぐ静電気防止スプレー。

ノンオイルのアイメイクアップリムーバーがあれば、
たいていの染みは取れます。コットンの布か
メイクアップスポンジを使って染みをふき取れば、
糸くずが服につきません。

*アメリカ国内製品名、またはブランド名。

# 完璧なワードローブ
# 投資するべき基本のアイテム

### 下着
シームレスブラ(黒とヌード)、セクシーな黒レースのブラとショーツのセット、スポーツブラ、Tバック(黒とヌード)、レース縁取りのあるキャミソール(黒、白、ヌード)、ライクラのキャミソール(黒とヌード)、レッグ部分の長いワンピース型の補正下着(ヌードと黒、いずれかでも)、ヌードカラーのフットレスストッキング。

### トップス
質のいいコットンのTシャツ(黒、白、明るい色をたくさん)、コットンのリブ編みタンクトップ(黒、白、いくつかの色)、黒のぴったりしたタートル、黒のカーディガン、ゆったりした丸首かVネックのセーター、真っ白なブラウスを2、3枚、夜向きのセクシーなキャミソール、シンプルな黒のドレス。

### ボトムス
体にぴったり合ったジーンズを2、3本以上、白のデニムジーンズ、仕立てのいい黒のスリムなパンツ、体にぴったり合ったスカート。

### スーツ
黒かネイビーの仕立てのいいスーツを1、2着。ジャケットとパンツは単品でも着られます。

### ジャケットとコート
デニムジャケット、ブレザー(アクセサリーとして使います。色や質感の違うもの、ベルベットやレザーにチャレンジしてみてください)、ウールかカシミアのコート、ダウンジャケット、トレンチコート。

### 靴とバッグ
黒のローヒールのバックストラップパンプス、色のきれいなハイヒールのバックストラップパンプスまたはサンダル、ゴールドかシルバーメタリックのハイヒールサンダル、バレエシューズ(黒かメタリック)、履き心地のいいフラットシューズ(ドライビングモカシンかローファー)、スエードかレザーのロングブーツ、スニーカー(流行を意識したデザインで運動にも便利なもの)、ビーチサンダル、長靴、ブランドのハンドバッグ(1、2個)。

### ジュエリーとアクセサリー
大ぶりの腕時計、ダイヤのピアス(本物とフェイク、いずれか一つでも)、シルバーとゴールドのゆれるイヤリング、シャンデリアイヤリング、小さなパールか宝石のドロップイヤリング、サングラス、カシミヤのストール。

CONVERSE
ALL STAR
Chuck Taylor

# 体のラインをカバーする服

**下半身にボリュームのある人、ヒップが大きい人の場合**
ストレッチの入った素材が一番です。下半身を隠す長めで細身のトップス(重ね着します)を選びましょう。太もものぴったりした細身のパンツでややブーツカットのものを選んでください。ストレートやテーパード(すそに向かって次第に細くなっていく形)はやめましょう。Aラインのスカートやドレスに、つま先にポイントのあるヒールを合わせるのもいいでしょう。

**ヒップの小さい人の場合**
エンパイアカット(胸元から広がったデザイン)のトップスやドレス、ゆったりしたスカートやティアードスカート(ギャザーで横に何段も切り替えたスカート)、すそのやや広がったスリムパンツ(ストレートのパンツはやめましょう。小さいヒップが強調されてしまいます)を選んで、曲線を演出しましょう。

**足が短い場合**
カプリ丈はやめて、すその広がったストレートのパンツを選びましょう。アンクルストラップの靴ではなく、バックベルトでヒールかウェッジのサンダルがいいでしょう。靴とパンツの色を合わせると、足が長く見えます。

**胴が短い場合**
スカートやパンツをはいたら、ベルトをウエストの低い位置で締めて、胴を長く見せます。実際のウエストラインで区切るのはやめましょう。トップが短すぎるなら、下に長いタンクトップを重ねます。バストのぴったりしたエンパイアラインのトップスもいいでしょう。ウエストから視線をはずして上に集めることができます。

**胴が長い場合**
ウエストベルトの太いスカートやパンツを選び、ウエスト位置ではきます(腰ではかないこと)。ラップタイプのデザイン(セーターやドレス)も、長い胴を分断してウエストに視線を集めるいい方法です。

**胴が太い場合**
まずは下着で体のラインを引き締めます。ぴったりしたブレザーかラップタイプのドレスは引き締め効果があり、胴の部分を細く見せてくれます。胴から視線をはずしたければ、濃い色のトップスにかわいらしいジュエリーをつけると、視線を顔の周りに集めることができます。

**バストが大きい場合**
ミニマイジングブラをつけると、形を整えながら小さなバストに見せることができます。服の下に補正用キャミソールを着てラインをすっきりさせます。ルーズな大きめのトップスより、ぴったりした仕立てのいいブラウス、ジャケット、ドレスを選ぶことです。トップスは、必ず単色で濃い色を選びます。バレエネックのトップスも、バストラインをカバーしながらデコルテを強調してくれるので、きれいに見えるでしょう。カーディガンやジャケットを羽織るのも、豊かなバストを小さく見せる効果があります。

# 仕立てたような
# フィット感を手に入れる

私は身長が152センチしかありませんが、子どものような華奢な印象はありません。どちらかというと筋肉質でバストも大きいので、結局、買おうとして棚から手に取った洋服が体に合うことは、まずないのです。オーダーメイドは信じられないほど高いので、私はご近所の仕立屋アンナ・チョミーノのところへ既製服を持っていって、少し直してもらいます。アンナは、私のジャケットの肩を詰め、パンツが床を引きずらず、なおかつ背を高く見せる効果のある長さは保ちながら、すそを詰めてくれます。いい仕立屋なら、いろいろな微調整をしてくれるだけでなく、もう着られなくなった流行遅れの服(80年代のブレザーなど)を新しいデザインに仕立て直してくれるでしょう。アンナが教えてくれたプロのコツを紹介します。

**ぴったりしたブレザー**　これがあれば、ウエストラインにアクセントを置くのも簡単です。ジャケットを詰めるときは、店員がピンをつける前に、ボタンを留めておきましょう。これで詰まりすぎを防げます。真ん中のボタン(ウエスト位置のボタン)を引っ張らずにかけられるようにしなくてはいけません。

**パンツやスカートのベルト**　おなかの肉が乗るほどきつくしてはいけません。簡単に親指が1本入る程度のゆとりが必要です。

**スカートのすそ**　ひざの位置でゆれる丈にすれば失敗がありません(ひざの少し上、ひざの中央、またはひざの少し下でも構いません)。この基本の丈は、どんな体型の女性にも似合います。ある年齢を超えた女性は、短すぎるスカートをはくべきではありません。

**プリーツ**　絶対にやめましょう。誤解している人もいますが、プリーツはおなかのふくらみをカバーしてはくれません。実は正反対で、膨らませる効果があるのです。おなか回りを気にしているなら、ダーツのないフロントが平らなパンツを選びましょう。

**折り返しのあるパンツ**　小柄な人はやめましょう。視線が分断されて、背が低く見えます。折り返しのないパンツの方が、背を高く見せてくれます。

**すそで少し広がったストレートのパンツ**　あらゆる体型の女性をきれいに見せます。細身で小柄な人なら、テーパードも似合いますが、下半身にボリュームのある人には不向きです。

### ボビイのアドバイス
### お直しのヒント

私は何年もブラをお直しに出しています。
アンダーバストが小さくトップが大きいので、
ほとんどのブラのストラップは長すぎて、
肩からずり落ちてしまうのです。
仕立屋でストラップを25ミリほど詰めてもらい、
ぴったりフィットしたブラを手に入れています。

歯のホワイトニング後のエリス

# 笑顔に自信を与える

歯のホワイトニング前のエリス

私は2冊目の本を出版した後、ブライトスマイルという新技術で歯の美白をしようと決めました。熱やレーザーを使わず、ジェルと光を使うこの方法は実用化されたばかりで、もちろん少々贅沢なものでした。しかし、お金を払う価値は十分にありました。終わって鏡を見たとき、白く輝く歯が目に飛び込んできただけでなく、顔全体が若々しく明るく見えたことに驚き、すっかり気に入りました。

私は何年もいろいろな美白方法を試してきましたが、効果はさまざまです。日に数時間ずつ装着しておくマウスガードを、自分の口に合わせて歯科医で作ってもらったこともあります。それはブライトスマイルに比べて費用が半分しかかからないという長所がありました。欠点は、すぐに効果が出なかったことです。一般のお店で買えるマウスガードやブリーチシールも試してみましたが、歯の色に劇的な変化は見られませんでした。せいぜい、ホワイトニング治療を受けた後、維持する程度でした。目に見えて効果が高いのはやはり歯科医による美白で、このために貯金をする価値はあると思います。

この方法を検討している人のために、手順を紹介しましょう。まず医師が、過酸化水素系のブリーチジェルを歯に塗布します。そこに特殊なブルーの光線をあてて、ブリーチジェルを「活動」させます。20分ごとにジェルを塗り直して合計1時間で終了です。最初の24時間は少し歯が敏感に感じられるかもしれないので、極端に熱いものや冷たいものは控え、鎮痛剤を飲みます。処置の後は歯に染みがつきやすいため、治療後24時間は赤ワインやコーヒー(どちらも染みになります)を飲まないようにします。

## ボビイのアドバイス
## 白い歯の笑顔を守る人

朝、オフィスを歩いていると、コーヒーをストローで飲んでいる同僚の姿をよく見かけました。何週間か不思議に思ったあげく、なぜストローなのか聞いてみると、コーヒーのカフェインで歯に染みがつくのを防ぐためだということでした。紅茶、赤ワイン、喫煙(これが美容にも健康にもよくないということは誰でも知っています)も歯の染みの原因になります。

# メイクアップとしてのジュエリー

数年前、誕生日にピンクパールのイヤリングをもらいました。私はひと目見てそのイヤリングが気に入りました。ピンクの色調が、不思議なほど私の頬の自然な赤みを引き立ててくれたからです。今も、体調が良くないときや、気分を高めたいときは、いつもそのパールを手に取ります。

イヤリングをつけるときは、そのイヤリングの色が顔にどのように映えるか注意してみてください。パールやダイヤ(とにかく女性はこの二つが大好きです)は、どんな肌の色でもきれいに見せる輝きを放ちます。また私は、宝石の色と瞳の色が引き立てあう組み合わせも大好きです。透き通ったエメラルドや淡いエメラルドのイヤリングは、グリーンやヘーゼルの瞳を引き立たせます。ブルーの瞳なら、淡いトルコ石かオーシャンブルーの宝石が映えます。ブラウンの瞳なら、琥珀やトパーズ、アメリカ南西部産のトルコ石がいいでしょう。ジュエリーを楽しんでください。色のきれいなジュエリーをつけると、美しくなれます。それに、ペールブルー(淡いブルー)のアイシャドウより、同じ色のジュエリーの方が、ずっときれいでおしゃれに見えます。

# CHAPTER 6

# MENOPAUSE

## 更年期

## 美しく「変化」と向き合う

私が初めて初潮を迎えたのは、11歳のときでした。その頃は、それがこれから一生続くホルモンとの闘いの幕開けだとは、夢にも思いませんでした。それから10代、20代の間、毎月決まって1週間は、おなかの張りや気分の浮き沈み、ときには吹き出物に悩みました。30代に入ると、出産と子育てを経験しました。41歳で一番下の子が生まれたので、今も子育ての真っ最中ですが、私の体はすでに次の段階へ移行をし始めています。

変化はゆっくりとやってきました。最初は、なんとなく気分がすぐれず、いつもだるさが抜けない感じでした。コマーシャルを見ながら泣いたり、親友とさえ話す気分になれなかったりしました。外見の変化にも気づきました。何を塗っても、肌が乾燥してしまうのです。また、いつもぴったりだったジーンズが、信じられないほどきつくなりました(食事も運動量も変わっていないのにです)。自分に起こった変化にどう対応していいのか分からず、私はすっかり途方にくれてしまいました。

何もかもが変わったのは、クリスティアン・ノースラップ著『The Wisdom of Menopause(更年期の知恵):未邦訳』という本を手にとってからです。その本は、自分自身に起こった変化について、また体と心のさまざまな変化に対処する方法について、十分な知識を与えてくれるものでした。私は、枝豆やウォールナッツなど美容にいいものを食べるようになり、摂取すべきサプリメント(栄養補助食品)について栄養士の指導を受けました。また、いつものスキンケアにフェイスオイルを加えました(モイスチャライザーに重ねて、肌にたっぷり潤いを与えます)。そして最後に、天然型ホルモン補充療法(BHRT)と呼ばれるホルモン補充治療(HRT)に興味を持つようになりました。

私がノースラップ博士の本から得た最高のアドバイスは、受け入れることがすべてだということです。更年期は、ポジティブに受け止めるとポジティブな体験になる、頭だけではなく自分の体の声を聞くべき時期なのです。ペースを落として自分をいたわること、そして何よりも重要なのは、自分に起こっている変化に注意を払い、それを受け入れる心を持つことです。

# 更年期についての新しい見方

更年期は、よく「人生の変化」または単に「変化」と言われるように、卵巣がエストロゲンの生成をほとんど行わなくなり生理が止まったときから始まります。専門的には、12ヶ月続けて生理がこなくなったとき、更年期に入ったとされています（アメリカでは、更年期に入る平均年齢は51歳です）。更年期の長い旅は、エストロゲンの生成がゆっくりと減少する閉経期から始まります。生理不順、のぼせ、気分の浮き沈みなどの症状が表れ始めるでしょう。私の婦人科医のジェラルド・チチョラ先生によると、多くの女性が、「更年期は緩やかなプロセスではなく突然やってくるもの」だという誤解をしているそうです。「誰にでも即効性のある更年期対処法などありません。自分の気持ちや毎日の暮らしへの影響を、一つずつ検討することはとても時間がかかります」とチチョラ先生は言います。次に多い誤解は、「更年期は人生における自然で前向きな症状ではなく、病気の一種」だという考えです。更年期は、落ち着くための時間だと考えるべきです。

# 「変化」に対応する
# 5つの自然な方法

1. 呼吸をする。ヨガを始める。
2. 大豆製品を食事に加え、食生活全体を見直す。
3. 重ね着を取り入れ、コットン製の服を選ぶ。
4. 定期的に運動をする。
5. よく換気された涼しい部屋で休む。

# クリスティアン・ノースラップ博士の名言

「何をすることが可能なのか、自分の考えを見直すつもりがあるなら、その女性にとって更年期は人生における最高の時代の始まりになります。閉経の特徴であるホルモンの変化は、必ず感情や精神の変化を伴います。そのような変化については昔から明確な答えが出ないまま議論されていますが、私たちは一度それらを吟味して、きっぱりと捨て去る必要があるのです。時代遅れの考えのうち、おもなものとして、中年女性はもうセクシーではなく、魅力も美しさもない、というものがあります。これはまったくの誤解です。中年期には誰もが、妥協の許されない分基点にさしかかります。1本の道には『成長』と書いてあり、もう1本の道には『死』と書いてあります。もはや役に立たない時代遅れの習慣や信念、行動にしがみついていては、成人病のリスクが驚くほど増大します。一方で、自分のすべてに正面から向き合って、内なる英知と魂の声に耳を傾けて生きる勇気を持ったとき、体の全細胞と人生のあらゆる局面に新しい活力を与えるチャンスとなるのです」

「閉経期の間、魂は、情熱や願望という形をとってあなたに熱心に語りかけています。だからこれほど多くの中年女性が、新しいキャリアをスタートさせ、将来性のない関係を捨て、家をリフォームし、引っ越し、あるいは何らかの自己改革をするのです。生きる情熱、楽しい人生は、体を健康にします。自分の魂の情熱や目的と深くかかわっている人は、必ず輝いているのです」

「すべての中年女性へ向けた私からのアドバイスは次の通りです。自分の願いを信じ、気持ちを信じましょう。自分自身を大切にしない人は、他の人を本当に大切にすることなどできないことを理解してください。自分自身を、愛するわが子のように大切にすると心に決めましょう。HRTは受けても受けなくても構いません。ただし、定期的な運動と適切なサプリメント、正しいスキンケアは、誰にとっても必要なものです。そして、柔軟でいること。思い込みはいけません。閉経期の対処法は、年齢や変化に合わせて定期的に変えていかなくてはいけないでしょう。体、心、精神は常に生まれ変わっています。そこには必ず、産みの苦しみがあるのです。自分自身のいい助産婦になってください。そして、我慢強くいてください。その先には何年も何年も続く未来が広がっています。これはほんの始まりなのです」

# 一人ひとりに合わせたHRT

2002年、メディアはウイメンズ・ヘルス・イニシアティブ（ＷＨＩ）の臨床試験について盛んに取り上げました。従来のＨＲＴには、乳癌、心臓病、脳卒中のリスクを高めるなど大きな問題があると報じられたのです。私の知っている多くの女性は、この報道内容を非常に恐れてＨＲＴをやめてしまい、再び更年期のつらい症状に悩まされるようになりました。一方で、不確実なリスクより生活の質を重視しようと決心してＨＲＴを続けた女性もいました。また、より良く健康的なライフスタイルを選ぶなど、自然な方法に切り替えた女性もいました。ＷＨＩ試験の結果について議論は白熱しましたが、一つ明らかになったことがありました。型にはまった従来型のＨＲＴは古いだけでなく、不健康だったということです。それから私と多くの友人たちは、代わりの方法を必死で探しました。

その後、スザンヌ・ソマーズが、『The Sexy Years: Discover the Hormone Connection（セクシー・イヤーズ：ホルモンとの関係を知る）：未邦訳』というタイトルで、一人ひとりに合わせたＨＲＴ、つまり天然型ホルモン補充療法（ＢＨＲＴ）について一冊の本を出版しました。その内容はまるで夢のような話だったのですが、私と友人は興味を持ち、オンラインでこの治療の専門家を探しました。その結果、ニューヨークにあるフィジオエイジ・メディカル・グループ（PhysioAge Medical Group）のジョゼフ・ラファエル先生を見つけたのでした。私がラファエル先生から学んだことは、ＢＨＲＴは基本的に自分の体が失ったホルモンを補充するものだということでした。そうすることにより、のぼせ、不眠、感情の起伏など更年期障害の症状を防ぐことができ、骨粗しょう症を防止することもできるのです。

# BHRTを詳しく見てみましょう

簡単に言うと、ＢＨＲＴとは、女性のホルモンレベルを若いときのそれに回復させる治療です。ＢＨＲＴと従来のホルモン補充療法との重要な違いは、二つあります。一つ目は、天然ホルモンはヤムイモや大豆などの植物由来のもので、エストラジオール、エストロン、エストリオールなど人体にあるホルモンと同じ細胞構造を持つ形で合成されます。対照的に、従来のホルモン補充治療では、ホルモンの働きをするけれども自然な状態では人体に含まれない化学物質を使います（多く使われるホルモンは、妊娠中の馬の尿から抽出されたものや合成物質です）。そして、二つ目は、天然ホルモンは、主治医の出した処方箋に従って個別の合成方法で作られるということです。つまり、一人ひとりの女性に合わせた処方箋に基づく治療なのです。

「更年期の症状は一人ずつ違い、その後の約30年、精神的・肉体的な健康がどうなるのかは、人それぞれです」とラファエル先生は言います。また、「BHRTは、体が必要としているものだけを、多すぎず少なすぎず補充するもの」であり、副作用については、「従来のホルモン治療とはまったく違って、天然エストラジオールやプロゲステロンを若い頃のレベルになるまで投与し、血液中のホルモンレベルを細かく管理しているので、副作用はほとんどない」とも言っています。

ＢＨＲＴはクリーム状のものを、毎日皮膚にすり込んで使います（医師の指示に従って1日に1、2回）。クリームには3種類の天然ホルモン、エストラジオール、プロゲステロン（エストロゲンを摂取することによって生じる子宮癌のリスクを中和します）、それからテストステロン（年をとると女性はテストステロンも減少し、それによって性欲や幸福感に影響が出たり、体重が増えたりすることもあります）が含まれています。医師がクリームという形状を選択する理由は二つあります。一つ目は、ホルモンを血液に直接投与することができるという点です（口からの摂取では肝臓を経由するので、血液中に入るまでに構造が少し変化してしまいます）。また二つ目は、1日を通してホルモンレベルを一定に保つことができるという点です。つまり、卵巣がエストロゲンを放出するのと同じ状態が保てるのです。6週間の治療の後、医師がホルモンレベルをチェックします。そして、必要なら投与量を調整します。体が必要とするものは時がたてば変わってきますので、まず３ヶ月後、その後は6ヶ月ごとに、主治医とともに見直しをする必要があります。

私は友人と一緒にＢＨＲＴを始め、すぐに効き目を実感しました。ＢＨＲＴはまだ、治療法として主流ではありません（治療が受けられるところが少なく、保険が使えません）が、将来は大半の医師がこの治療を提供するようになると強く感じています。ラファエル先生もこの意見に賛成しており、以下のように言っています。「ホルモンが老化や女性にどのような影響を与えるかについて、現在研究が進んでいます。10～15年のうちに、この一人ひとりに合わせたHRTにすべての女性が興味を持つでしょう。なぜなら、効果があるからです」。HRTに興味がある方は、自分で調べてみましょう。そして、あなたの婦人科医に話を聞き、できるだけ本を読みましょう。まさに知識が力となるときなのです。

ボビイの元気の素

# BHRTの実例
# スーザン・ソーンダース

私は46歳ですが、いつも実際より若く見られます。私はいつも、自分の外見に気を配ってきました。25年間プロのモデルとして仕事をしてきて、数年前にリタイアしたばかりです。エクササイズは欠かしたことがなく、健康的な食事を続けてきました。

初めは閉経したことに気づきませんでした。何回か生理がこなかったとき、急いで妊娠検査薬を買いに行ってしまったほどです。肌が極端に乾燥し、夜眠れなかったので、いつも疲れていました。普段と同じようにしていても、体重が2キロも増えました。私はすっかり自信を失い、いつも月経前症候群のような気分でした。

そのつらい症状を、ワークアウトのジムのオーナーに話したところ、それはホルモンに関連した症状のようだと言われたのです。天然ホルモン治療とラファエル先生のことを教えてもらった私は、オンラインでラファエル先生について調べてみました。また、スザンヌ・ソマーズさんの本を読んで、「私のことが書いてある」とも思いました。

初めてラファエル先生に会ったときは、まだどうするべきか分かりませんでした。多くの女性が、ホルモン補充治療や癌のリスクを恐れていました。しかし調べれば調べるほど、天然ホルモン治療を受けたいという考えが強くなりました。

ＢＨＲＴを始めたところ、私は再び自分を取り戻したように感じました。体脂肪は2パーセント減少し、元の体重に戻りました。肌は乾燥しなくなり、潤いが感じられるようになりました。また、普通に眠れるようになりました。大切なのは、自分で調べて自分で決めることだと思います。残念なことに今はまだ、更年期障害をおおっぴらに語れる時代にはなっていません。すべての女性が通る道であるにもかかわらず、あまり自由に話し合えないというのは、間違っていると思います。更年期障害をどのように克服するかは、非常に個人的な選択になると思います。

# BHRTの実例
# ゲイル・フリシア

私は現在48歳で、5年前に子宮の部分摘出手術を受けました(子宮は摘出して卵巣を残しました)。医師からは、もしかすると卵巣が機能しなくなる可能性があると、警告されていました。46歳か47歳の頃、更年期障害の症状が表れ始めました。まずは、のぼせるようになり、眠れなくなりました。次にイライラしたり落ち込んだりするようになりました。これが数ヶ月間続きましたが、私は我慢しました。痛みや不快感は我慢するものだという家庭で育ったからです(出産のときも、無痛分娩には頼らず自然分娩を選びました)。私が方針を変えたのは、症状が頭に表れたときでした。仕事中にぼんやりしたり、物忘れが多くなったりしたのです。更年期障害が記憶や仕事に影響を及ぼし始めたので、ついに助けを求めました。

ラファエル先生を訪ねて、普段の食べ物やサプリメント、エクササイズなど、自分についてあらゆることを話しました。バランスをとるためには、すべてを考慮に入れる必要があったのです。健康的な食事(たっぷりの野菜や果物、赤身の肉)をとり、炭水化物(パスタやパン)を控えました。アルコールも控えましたが、ときどき赤ワインを飲んだり、アイスクリームを一口だけ楽しんだりもしました。定期的にエクササイズを続け、心肺機能と筋肉を強化するトレーニングをあわせて取り入れました。ＢＨＲＴの効果はすぐに表れました。体調が良くなり、見た目も健康的になりました。肌の色ムラがなくなって、シワが目立たなくなり、シミも前より薄くなったことに気づきました。

最も重要なのは、自分一人で更年期障害と闘わなくてもいいと知ることです。医師の言うことをすべて鵜呑みにする必要はありません。私が最初に婦人科医に相談したとき、彼は眉をひそめました。医学の主流派の中にも、ＢＨＲＴに懐疑的な考えを持つ医師がまだ多いのです。自分の健康については自分で責任を持ち、直感を信じることが大切です。

# BHRT以外の方法
# 更年期の症状を克服するために

**トラブル：やつれた顔、疲れて見える**　このような血色の悪い顔色は、年齢とともにエストロゲンのレベルが低下することが原因です。エラスチン（肌に弾力を与える）やコラーゲン（肌にハリを与える）の低下も起こります。

**解決方法：**正しいスキンケアの組み合わせで、肌に元気を取り戻し、ふっくらさせましょう。これは絶対に、「多いほどいい」パターンです。ライトなローションからリッチで柔軟効果の高いクリームかバームに変えましょう。それでもやつれて見える場合は、フェイスオイルを重ねます（オイルは毛穴を詰まらせたりしないので、ご安心ください）。

**トラブル：肌の乾燥**　これもエストロゲンのレベルが低下することによるものです。

**解決方法：**フェイスクリームやフェイスオイルを使って、潤いを取り戻すことが大切です。なかでもヒアルロン酸配合のものを探しましょう。肌に水分を浸透させ保持する働きがあります。オイリースキンの場合は、オイルフリーのモイスチャライザーを使うと毛穴を詰まらせることなく保湿できます。メイクをする場合は、クリームベースのものを選び、フェイスパウダーを使わないでください。メイクをした後、頬にそっとバームをパッティングして肌に輝きを出します。

**トラブル：大人のニキビ**　おもに、あごや首にできます。アンドロゲンとエストロゲンのバランスの変化によって、起こります。

**解決方法：**刺激の少ない洗顔料で、肌を清潔にします。古い角質を取り除くためには、ピーリング剤を使って肌のターンオーバー（生まれ変わり）を促進します。Retin-A Micro* のような部分用レチノイドで、吹き出物をケアします。カバーする場合は、肌の色と同じ色のスティックかクリームのファンデーションを使いましょう。先端が小さく、短いやや硬めの毛のコンシーラーブラシかメイクアップブラシを使って、吹き出物の上に直接カバーアップ（部分用ファンデーション）をつけます。指の腹でなじませるように、カバーアップをやさしくたたきます。それから透明感のあるフェイスパウダーをのせて、落ち着かせます。

**トラブル：あごの不規則な濃いうぶ毛**　エストロゲンよりアンドロゲンのレベルが高くなったときに起こります。

**解決方法：**1本ずつピンセットで抜くのが、一番早い方法です（メイクケース、車、バスルーム、職場と、私はどこにでもトゥイーザーを用意しています）。特に目立つ「ひげ」があるなら、ワックスもいいでしょう。ドラッグストアでは、ワックスつきのシートや、溶かしてスパチュラ（へら）で塗布して剥がすタイプのものなど、家庭で使える製品が並んでいます。家庭でのケアが不安なら、スパに行ってプロに頼みましょう（ネイルサロンも調べてみる価値があります。多くのサロンではワックスも行っています）。ワックスにアレルギーがある人は、シュガーリングを試してみましょう。キャラメルのような粘り気を持った砂糖を使い、ワックスと同じように、根元から毛を抜く方法です。永久脱毛を希望する場合は、電気で毛根を殺す電気脱毛を試してみてください。

**トラブル：髪が薄くなる**　これも、エストロゲンとアンドロゲンのホルモンバランスがアンドロゲンにかたよることによる副作用です。

**解決方法：**髪の色とよく似たダークカラーのパウダーアイシャドウを、地肌が見える部分につけます。その際はアイシャドウブラシを使ってください。また、髪を豊かに見せるため、全体的にレイヤーを入れて短い部分で立体感を出すカットを頼むのもいいでしょう(ボリュームアップについては第4章を参照)。100パーセント髪を取り戻すことはできませんが、ミノキシジル配合のRogaine*などの育毛剤も試してみてください。

**トラブル：乾燥してつやのない髪**　これも、閉経によるホルモンバランスの変化が原因です。

**解決方法：**毎日シャンプーをせず、ディープコンディショナーを週に最低2回は使いましょう。コンディショナーの効果を最大限に引き出すために、お風呂に入ったら最初に、くしでコンディショナーを髪にまんべんなくつけ、体を洗ったりむだ毛処理をしたりする間に染み込ませます。洗い流すのはお風呂を出る直前にしましょう(10～15分間つけておくようにします)。また、ヘアサロンでグロストリートメントをしてもらうと、疲れた髪がつややかになります。

**トラブル：のぼせ**　血管が急速に開いたときに、肌の温度が急上昇して起こります。

**解決方法：**ライフスタイル全体を見直しましょう。エクササイズをすれば循環が良くなり、気温の急激な変化に体が対応できるようになります。のぼせを助長する食べ物、たとえば、塩分やスパイスの強い料理、熱い飲み物、アルコール、カフェイン飲料をとらないようにして、大豆、ヒヨコ豆、豆腐、豆乳などをとりましょう(体内のエストロゲンと同じ構造を持つイソフラボンや植物性エストロゲンが含まれています)。重ね着をしておくと、のぼせたときに衣服を脱いで調節しやすいでしょう。

**トラブル：不眠**　眠れなかったり夜中に汗をかいて目が覚めたりすると、目覚めたときの体調に大きく影響します。

**解決方法：**パッションフラワーやバレリアンなど、ハーブを試してみてください。起きている間にとると、夜に感じる緊張や不安を和らげる働きがあります。夕食は午後7時には終えて、カフェイン入りの飲み物は避けてください。代わりに温めたミルクやハーブティーを1杯飲むといいでしょう。ベッドに入ったときや真夜中に目が覚めたとき、時計を見てはいけません。時間を確かめたところで、不安になるだけです。腹式呼吸で深呼吸をするなど、リラックスできる方法を試しましょう。

**トラブル：ぼんやりする、物忘れが多い、気分の浮き沈み**　これは多くの女性が、更年期障害の中で一番つらいと感じています。

**解決方法：**誰かと話をしましょう。友人でもセラピストでも構いません。大切なのは共感してもらうことです。エクササイズも、心をすっきりさせ気分を高めるホルモン、エンドルフィンを出す作用があります。サーモン(オメガ3脂肪酸を含み、記憶力を高める働きがあると考えられています)と大豆製品(大豆は記憶を保持する神経伝達物質の働きを促進すると考えられています)を、食事に取り入れてください。セントジョンズワートやイチョウ葉のようなサプリメントも気分を安定させる効果があります。

◆アメリカ国内における製品名です。薬事法により日本では入手できないものもあります。
＊アメリカ国内製品名。

## 骨粗しょう症
## あなたの骨を守る

エストロゲンのレベルが低下すると、
骨がカルシウムを失うスピードが速くなります。
そのため、骨粗しょう症のリスクが高くなるのです。
自分の骨を守るための方法を紹介しましょう。

天然型ホルモン補充療法。

カルシウムをサプリメントで補います。
朝500ミリグラム、夜はマグネシウム600ミリグラムと
一緒に500ミリグラムをとりましょう。

ローファットのヨーグルトやチーズ、
牛乳、豆腐、ブロッコリーなど、
カルシウムの豊富な食品をとりましょう。

アルコール飲料はほどほどに。アルコールを
とりすぎると、新しい骨を作る細胞が
ダメージを受けたり、ビタミンDの
吸収を妨げたりします。

ウェイトトレーニングを普段のエクササイズに
取り入れましょう。第7章をご覧ください。

# サプリメントガイド

私は、ニューヨーク市の栄養学者ジャイロ・ロドリゲス博士から、
サプリメントの重要性と、それが閉経期以降の女性に
どのような効果があるのかについて、たくさんのアドバイスをもらいました。
博士は、健康的でバランスの取れた食生活の一部として、
サプリメントを薦めています。サプリメントが初めての人は、
まずマルチビタミンをとり、必要に応じて個別のビタミンを追加しましょう。
ロドリゲス博士は、最低摂取量から始めることを薦めています
(必要に応じていつでも増やすことができます)。

**ビタミンA**　皮膚の健康を保ち、鳥目を防ぎます。摂取量：1日あたり10,000IU（International Unit：国際単位）。

**ビタミンB6**　筋肉の維持に不可欠です。摂取量：1日あたり2.5mg。

**ビタミンB12**　赤血球の生成を維持します。摂取量：1日あたり1,000mcg（マイクログラム、1mcg＝1/1000mg）。

**ビタミンC**　肌、結合組織、エラスチン（結合組織のタンパク質）を維持します。摂取量：1日あたり500mg。

**ビタミンE**　抗酸化作用があり、動脈硬化を防ぐ働きがあります。摂取量：1日あたり400IU。

**ビタミンD**　神経システムの機能に欠かせません。閉経期には、骨の成長や骨量の維持に役立ちます。摂取量：1日あたり400IU。

**ビオチン**　欠乏すると、肌のトラブル、髪や体重の減少の原因になります。摂取量：1日あたり300mcg。1日2回に分けての摂取が理想的です。

**カルシウム**　骨粗しょう症、大腸癌、高血圧を予防します。摂取量：1日あたり1,200～1,500mg。

**葉酸**　欠乏すると、貧血を起こします。摂取量：1日あたり800mcg。

**鉄**　赤血球を生成し健康を保つために必要です。摂取量：1日あたり10～15mg。

**マグネシウム**　カルシウムの吸収を高めます。摂取量：1日あたり就寝前に600mg。

**ナイアシン**　血中のコレステロールレベルを改善します。摂取量：1日あたり50mg。

**パントテン酸**　欠乏すると、食欲減退、皮膚障害、糖代謝障害を引き起こします。摂取量：1日あたり100mg。

**リボフラビン**　細胞の正常な働き、成長、エネルギー代謝に必要です。摂取量：1日あたり50mg。

**セレニウム**　体の正常な働きに関係する酵素の生成に必要です。摂取量：1日あたり200mcg。

**チアミン**　神経系や筋肉機能に含まれ、正常な消化に欠かせません。摂取量：1日あたり100mg。

**亜鉛**　消化、血圧、インシュリン、免疫系を正常にします。摂取量：1日あたり50mg。

※上記のサプリメント摂取量は、アメリカ国内での平均量です。

# 中年期での妊娠
# 楽しいマタニティライフのために

**閉経を体験する女性がいる一方で、赤ちゃんを授かる女性もいます。今では40代で出産する女性も珍しくありません。私の一番下の息子は、私が41歳のときの子供でした。年齢を重ねてからの出産にはプラスの面がたくさんあります。年齢を重ねているほど、母親になるプロセスを喜び楽しむことができますし、自分自身をいたわる(すてきなマタニティウエアを買ったり、週末スパでトリートメントを受けたりする)余裕が、時間的にも経済的にも増えていることが多いのです。私の婦人科医のチチョラ先生によると、40代の女性は、妊娠初期から妊娠中にかけて自分自身を十分にいたわることができれば、素晴らしいマタニティライフと健康な赤ちゃんを授かることができると言います。また、「年齢は考慮すべきことではありますが、妊娠に適した年齢があると考える必要はありません。それぞれの女性が自分の人生でふさわしいと思うときに子どもを授かるべきなのです」とも言っています。そのほかにも、妊娠中の注意点として、以下のように述べています。「40代で子どもを授かった人も、基本的な注意事項は若い人と同じです。健康的な食生活をし、ビタミン(特に葉酸とビタミンB)を摂取し、定期的に運動をし、カフェインを控え、アルコールを減らすか飲まないようにし、煙草を吸っているならやめましょう。妊娠期間の気配りは重要です」**

妹のリンダ・アラントは、42歳で3番目の子どもを授かったばかりなので、その体験を話してもらいました。

「私は34歳のときに双子を出産しています。今回の妊娠は前より楽でもあり、つらい面もありました。おなかが前ほど大きくならないのは楽ですが、前より8歳も年齢を重ねたので体への負担が大きいことが大変でした。妊娠経験があると、これから何が起こるのかを予測することができます。慌てることも少なく、気を楽にしていられました」

「何よりも、周囲に頼れる人がいる大切さを今は知っています。若い頃は、自分がまず助ける側で、助けてもらうのは苦手でした。双子が生まれてからは助けを求める方法が分かってきたので、今でもそうしています。近くに身内がいない人は、友達に頼ってもいいのです。いい人と助け合える環境を作っておくことが大切です」

「それから、自分に気を配ることがいかに重要か分かっています。だから体にいい食べ物をとるようにしています。ビタミンやフィッシュオイルをとり、ジャンクフードや精白小麦をやめ、砂糖は控えめにしています。そして無理をせず、体が何を必要としているのかに耳を傾けるのです。もっと睡眠をとる方がいいときもあれば、もっと運動が必要なときもあります」

PROFUMO FARMAC

# 内側に目を向ける
# 自分に集中するとき

**私が初めてケニース・Y・デイビス先生を訪ねたのは、ワールド・トレード・センターがテロ攻撃を受けた直後の2001年のことでした。不眠症に悩まされていた私に、親しい友人が、総合的なアプローチを取り入れたカイロプラクターのデイビス先生を推薦してくれたのです。最初は、この治療に懐疑的でした。カイロの治療を受けたからといって私の不眠症が良くなる理由が分からなかったのです。初めて会った日、デイビス先生は、健康とは、肉体、感情／精神、魂という3つの要素のバランスが取れた結果であるという考えを説明してくれました。彼はこれを「健康のトライアングル」と呼び、そのトライアングルの中で「肉体だけが原因で起こる病気は、全体の1パーセントしかない」と言いました。もし体調を良くしたいなら、自分の感情と魂にもっと多くの時間を費やさなくてはいけないということでした。デイビス先生は、自分の内面に注意を向けるための多くのヒントを教えてくれたのです。私は今も、そのアドバイスに従っています。**

### 毎日瞑想をする

一人で座ってすべての思考を止め、頭の中を空っぽにする必要はありません（これが本当にできる人はあまりいません）。自分の心を目の前の状況に集中させ、意識的に自分の選択を見極めて、結論を出すことが大切なのです。このプロセスを通じて、状況に流されるのではなく、自分の感情をコントロールできるようになります。朝の通勤時間や、1ブロック歩く間にも、瞑想することができます。

### 自己と向き合う

寝る前に、その日のことを最初から最後まで振り返ります。起こった出来事や状況、特に何を言ったか、何をしたのかを思い出します。同僚にネガティブなことを言いましたか？　高速道路で割り込んできたドライバーに腹を立てましたか？　自分の行動の中で、改めたいと思うような、望ましくないパターンに気づくようになるでしょう。

### 今を生きる

いつも慌てて進もうとせず、周りを観察できるぐらいに生活のペースを落としましょう。すべてを受け入れて、緊張や期待をせずに取り組んでみましょう。そうすれば、この瞬間は今しかないことに気づくでしょう。

### 焦点を合わせ直す

自分の周りにポジティブなことがたくさんあるときでさえ、人はネガティブなことに焦点を合わせる傾向があります。自分がこのような負の連鎖に陥っていると感じたら、意識を変えてこの傾向を断ち切りましょう。楽しい場所のことを考え、陽気な歌を口笛で吹き、自分がピンクのチュチュを着たゾウになったところを想像しましょう。

### 深呼吸

心が落ち着かないとき、呼吸は浅くなっています。1日に4～6回、自分の体と呼吸の状態を確認しましょう。立ち上がり、肩の力を抜いて胸を張り、深く呼吸します。すぐに気分が良くなったことに気づくはずです。

### 日記をつける

書くことがないから日記をつけるのが苦手だという人はたくさんいます。まずは一言、あるいは1行だけ書いてみましょう。「今日は機嫌が悪い」だけでもいいのです。続くようになったら、文章は1段落、1ページと増えていくはずです。日記には、ヒーリング効果があります。

### 邪魔されない場所をつくる

電話や未読メールなどの邪魔が入らないスペースを確保しましょう。ベッドルーム、書斎、バスルームなど、毎日行く場所がいいでしょう。

## CHAPTER 7

# THE REAL FOUNTAIN OF YOUTH

若さの本当の源

## 体にいいものを食べて汗をかくこと

スペインの探検家ファン・ポンセ・デ・レオンは、1500年代に若返りの泉を求めて旅をしましたが、結局見つけることはできませんでした。彼は気づきませんでしたが、長生きするために若返りの水など必要ありません。長生きの秘訣は、栄養と運動というシンプルな組み合わせです。私はこれまで、健康的な食べ物とバランスのとれた運動という目標に向かって長い旅をしてきました。今では、手っ取り早い方法などないということを知っています。

思春期前の私は、友達に比べて痩せていたことがありませんでした。だから体重が落ちるといわれる方法は何でも試してみました。まず、母と私はハニー・オイル・ビネガーダイエットを始めました。蜂蜜とオイルと酢を混ぜたものを毎日飲むというものです。脂肪を燃焼し食欲を抑えるということでしたが、どちらの効き目もありませんでした。次に母は、肝油を飲むと脂肪が燃焼するという説を何かで読みました。言うまでもなく、これは味が最悪でした。その後、いとこのバーバラと私はリキッド・スレンダー・ダイエットを始めました。流動食ばかりをとった私たちはがりがりに痩せましたが、普通の食事に戻した途端、あっという間に元の体重に戻りました。あるときは小児科医にダイエット薬を処方されたことがあり、薬局が理由を聞かずに追加をくれたので、確かに体重は減りましたが、骨と皮ばかりになってしまいました。

大学ではスカーズデール・ダイエットをはじめ、ベストセラーになったダイエット本すべてに夢中になりました。20代と30代には、マクロビオティック・ダイエット、2週間のジュース断食、磁場を取り除き余分な体重を落とすというイオンペンを試しましたが、効果はなく、40代になってやっとダイエットという言葉の本当の意味を理解し、受け入れたのでした。

私はようやく心のあり方を変えました。もう不可能な理想を手に入れようともがくことはしません。完璧であろうとするより、健康的であろうと思います。つまり、シンプルで体にいいものを食べ、定期的に運動をするだけです。ただし、私に効果的な方法が誰にでも当てはまるとは限らないことを、忘れないでください。柔軟な気持ちで取り組みましょう。失敗しても自分を責めないでください。やり直せばいいだけです。

# 食べることについて唯一の法則

多くの人にとって、ダイエットという言葉はネガティブな響きがあります。好きな食べ物を我慢し、常に空腹に耐え、食欲に負けたときは罪悪感にうなだれる。しかし、ダイエットとは、そういう意味ではありません。生きるために食べ、おいしくて体にいいものを選ぶということです（そして、それは可能なのです！）。正しいダイエットをすれば、健康的でいられるだけでなく、体にエネルギーが満ち、きれいになれます。常識に従って適度に、というのが健康的なダイエットのポイントです。野菜、果物、全粒穀物、低脂肪のタンパク質をたっぷり食べ、飽和脂肪酸やコレステロールの高い食品を避けてください。もっと健康的で美しくなれる食べ方について、説明しましょう。

## 野菜と果物

野菜や果物をたっぷりとるべき理由は、数えきれないほどあります。ビタミン、ミネラル、食物繊維の宝庫でありながら、脂肪、塩分、カロリーは低く、さらに慢性疾患を予防する効果があると考えられています。野菜や果物が豊富な食事は、心筋梗塞をはじめとする心臓病のリスクを抑え、ある種の癌を防ぐとされています。野菜や果物を買うときは、赤いトマトから緑のほうれん草まで、いろんな色のものを選びましょう。そこには目に見えないいいものがぎっしり詰まっています。

## ダイエットの敵に負けない

カクテルパーティや夜の外出によって、健康的な
食事の習慣が狂うことのないようにしましょう。
失敗しないための私の作戦をご紹介します。
当日の朝は、オートミールと卵で始めます。
お昼には炭水化物をとらず、
パーティ前に軽い食事をしておきます。
パーティ会場に着くと、まずお水を
1、2杯飲んでから、赤ワインを手に取ります。
シュリンプカクテルとサラダ以外の
オードブルは食べません。家に帰ると、
全粒粉のクラッカーにローファットチーズかツナか
固ゆで卵をのせた夕食をとります。甘いものが
欲しいときは（私はお酒を飲むと欲しくなります）、
リコッタチーズにシナモンと
バニラを振りかけたものがあれば満足です。

## 白

ニンニク、チャイブ、わけぎ、西洋ニラネギなどの野菜には、アリシンが含まれます。この化合物には、コレステロールや血圧を下げ、感染を防ぐ機能を高める働きがあります。

## 赤とピンク

トマト、レッドグレープフルーツ、ピンクグレープフルーツ、スイカ、パパイヤには、すべてリコピンが含まれています。この抗酸化物質には、心臓病やある種の癌を防ぐ作用があると考えられています。

## 緑

ほうれん草、コラードグリーン（キャベツの一品種）、ケール（フリルキャベツ）、ブロッコリーなどの緑の野菜は、繊維が豊富で、抗酸化作用があり、目の健康を保つ働きがあります。

## オレンジと黄色

サツマイモ、マンゴー、アプリコットにはベータカロチンが含まれ、免疫システムを活性化させる働きがあるという研究結果があります。

## 紫と青

ブルーベリーなどのフルーツに含まれる青い色素、アントシアニンは、有害な発癌物質と闘う体の機能を助けるという研究結果があります。

## 全粒穀物

全粒穀物を使った食品は、繊維が豊富で、多くの面で体に良い影響を与えます。高エネルギーのでんぷんがとれるだけでなく、繊維が血中のコレステロール値を下げ、心臓病のリスクを抑えます。繊維は消化システムにも役に立ちます。規則正しい便通を促し、便秘を予防し、満腹感が長く続きます。

全粒穀物と精製穀物の違いは何でしょうか。「精製された」方が体にいいように聞こえますが、実はそうではありません。全粒穀物には穀物のすべてがそのまま含まれるので、繊維、栄養、ビタミンが豊富です。たとえば、全粒小麦、オートミール、玄米などが全粒穀物です。精製された穀物は、研磨機にかけられる(なめらかで日持ちのするように加工される)ので、体にいい繊維は含まれていません。精製穀物には、精白小麦粉、精白パン、白米などがあります。また、全粒穀物を消化するのには、精製穀物よりも時間がかかります。その結果、血糖値はゆっくりと徐々に上がっていくので、エネルギーを平均して得られます。一方、精製されたものは、血糖値を急上昇させます。上がったものは必ず下がるため、活力のある状態からない状態へ短時間のうちに変化することになります。

### ボビイのアドバイス
### 賢い炭水化物のとり方

穀物については、適度な量にとどめるのが
いいと思います。私は、平日はたいてい
朝食と昼食に炭水化物をとり、
夜にはとりません。週末は逆で、
炭水化物は夕食用にとっておきます。

## タンパク質

体を作るおもな構成要素であるタンパク質は、とり肉、魚、卵、豚や牛、大豆に含まれます。チキンや七面鳥の肉には飽和脂肪が少なく、魚には心臓病のリスクを低減する作用があります。何年もの間、体に悪いと言われてきた卵は、適度に食べるならば、実は思っていたほど悪くはないということが分かりました。研究によると、卵のコレステロールは血中のＬＤＬコレステロール値を上げることはありません（コレステロールについて詳しくは154ページの脂肪と油の説明を参照）。オメガ3が添加された卵は、この栄養素を取り入れるのに最適な食品です。赤身の肉が好きなら、脂肪の少ない部分を選んで控えめに食べましょう。ベジタリアンなら、豆腐などの大豆製品からタンパク質を取ることができます。

## オーガニック（有機）とはどういう意味でしょうか？

現在、スーパーを見て回ると、
たくさんの食品に「オーガニック」と書かれた
ラベルが貼ってあるのに気づくでしょう。
値段以外に（オーガニック食品のほうが、基本的に高価）、
普通の食品との違いは何でしょうか？
オーガニック食品は、合成肥料や農薬、
抗生物質やホルモンの使用をごくわずかに抑えてあるか、
まったく使用せずに育てられたものです。
私はオーガニック食品のほうが、従来の食品より
健康的で安全だと思います。ですから、
乳製品から卵や肉まで、できるだけオーガニックの
食品を買うようにしています。

## 乳製品

牛乳や乳製品には、体にいいカルシウム、カリウム、ビタミンD、タンパク質が含まれています。カルシウムは、骨を作り、骨量を維持するために必要な栄養で、骨粗しょう症の予防にも効果があります。脂肪とカロリーを気にして乳製品を避ける必要はありません。低脂肪の製品を選んでも、カルシウムなどの栄養はとれます(私はいつもオーガニックのものを選びます)。乳糖不耐症なら、サプリメント(栄養補助食品)で毎日カルシウムをとりましょう。

## 水

水分の補給は健康に欠かせません。水は、体の中から不純物を取り除く作用があり、体温を一定に保ち、細胞に酸素や栄養を運びます。1日におよそ1.8リットル(180ccのグラスに10杯分)の水を飲む習慣をつけましょう。バッグに水のボトルを入れておくと、1日を通して水分補給ができます。飽きないためには、ザクロやクランベリーの濃縮ジュースを1滴垂らしたり、レモンやライム、キュウリの薄切りを入れたり、ミントの芽を少し入れたりするといいでしょう。私は、朝のコーヒーの前に水を1、2杯一気に飲んだ日には、その日1日を通して水分補給がうまくいって、調子がいいことに気づきました。

## 脂肪と油

脂肪分をとらないと決めている人は、考え直すことをお薦めします。脂肪は、体がエネルギーを蓄えておいたり、細胞組織を守ったり、油に溶けるビタミンを血管を通して運んだりするために必要なものです。肌の水分を保つためにも欠かせません。脂肪は決して悪いものではないのです。実は、摂取する脂肪の量よりも、種類に注意する必要があります。脂肪は、血液中のＬＤＬ・ＨＤＬコレステロール値に影響します。ＬＤＬコレステロールは、値が高くなると心臓病のリスクが高まることから、「悪玉」コレステロールとして知られています。ＨＤＬコレステロールは、数値が高くなると心臓病を予防する作用があるため、「善玉」コレステロールと呼ばれます。

食品中の多価不飽和脂肪酸と一価不飽和脂肪酸は、ＬＤＬコレステロール値を下げ、心臓病のリスクを低減する働きがあります。多価不飽和脂肪酸は、ベニバナ油、コーン油、キャノーラ油、サーモンやサバなどの魚に含まれます。一価不飽和脂肪酸は、キャノーラ油、オリーブオイル、ピーナツ油に含まれます。飽和脂肪酸の含まれる食品(あらゆるジャンクフードなど)はＬＤＬコレステロール値を上げるため、避けるようにしましょう。

## ボビイのアドバイス
## 健康的に食べるための10のヒント

私は、生活の9割の場面では体に良い
食べ物を選びます。そして残りの1割は、
特別な場合に備えてとっておきます。たとえば、
アリス叔母さんのキャラメルと、バルサザールという
ニューヨークのレストランのフレンチフライは、
我慢するわけにはいきません。それから、パリやイタリアへ
旅行に行ったときも、好きなものを食べます。
健康的に食べるための作戦は次の通りです。

1. 食べ物についてよく知るために、食品についているラベルをよく読みましょう。加工食品や化学物質が添加された食品は避けましょう。

2. 精製小麦より、全粒粉を選びましょう。

3. 新鮮な野菜と果物をたっぷりとりましょう。

4. チキン、魚、豆などのタンパク質をたっぷりとりましょう。ときどきは赤身の肉も構いません。

5. 水をたくさん飲みましょう。水には、保湿だけでなく、栄養を運び、毒素を排出し、大きなエネルギーを生む働きがあります。

6. 2、3時間おきに食べましょう。極端に空腹にならないようにします。

7. 赤ワイン、ビターチョコレート、生のアーモンドなどは、少量ならＯＫです。

8. ビタミンをとりましょう。

9. 完璧ではなく、常にベターを目指してください。

10. 一番大切なことを覚えておいてください。カロリーはごまかせません。とにかく食べる量に気をつけましょう。

# ボビイのお気に入りメニュー

**朝食：**私は、じっくり煮たアイリッシュ・オートミールが大好きです（前の夜に作っておいて、翌朝温め直すこともできます）。カルシウムをたっぷりとるために、シナモン風味のギリシャヨーグルトにローストアーモンドの薄切りをトッピングします。7穀パンをトーストしたものに卵の白身のみで作ったオムレツの組み合わせもお薦めです。

**昼食：**私はお昼の時間が近づくといつも、「キッチン・チョップト・サラダ」と自分で名づけたサラダが食べたくなります。簡単に作れて、おなかがいっぱいになるメニューです。まず大きなボウルに好きなものを放り込みます。アルファルファ・スプラウト、アスパラガス、ベビー・ルッコラ、チンゲン菜、サヤインゲン、マッシュルーム、トマト、ゆで卵の白身、ツナかチキン、ローファットチーズ。特におなかがすいているなら、玄米か全粒パンを少し添えましょう。

サラダにかけるのは、市販のドレッシングではなく自家製ドレッシングです。作り方は、コールドプレス（低温圧搾法）のオリーブオイルにバルサミコ酢を一振り、フランス・ディジョン産のマスタード、新鮮なニンニクのみじん切り、粗塩、粗びき黒こしょうを加えて混ぜるだけです。味見しながら作ればいいので、材料をきっちり計量しなくても大丈夫です。

**夕食：**ずっと仕事に追われていた日の夕食に、湯気を立てているスープほど心が安らぐものはありません。まずミキサーに、オーガニックのチキンスープを2缶、2、3カップのゆでたブロッコリーかズッキーニ、1/2～1カップの冷凍オーガニックえんどう豆、粗塩、粗びき黒こしょうを入れ、なめらかになるまで混ぜます。それを鍋に移して、中火で温めます。スープボウルに取り分けたら、ギリシャヨーグルトかカテージチーズを一さじずつ落とし、新鮮なチャイブのみじん切りを散らします。私はそれに魚かチキンを少しと、スペルト小麦のパスタを少し添えます。そしてもちろん、赤ワインを1杯用意します。

**デザート：**甘いものが欲しいとき、チョコレート風味のプロテインパウダーをふりかけたプレーンのギリシャヨーグルト（もうお分かりかと思いますが、このヨーグルトは万能です）か、メープルシロップやシナモンで甘みをつけた低脂肪のリコッタチーズがあれば、私は満足です。新鮮な果物に自家製のホイップクリームかバニラヨーグルトをかけても、満腹感のあるデザートができます。

## 甘味料の真実

母親として、子どもたちには本当は果物を
食べてほしいのですが、合成甘味料を食べさせる
くらいなら砂糖を与えたいと思います。
ただ、体重を減らしたい人は砂糖の摂取を
コントロールしなくてはいけません。どうしても
合成甘味料を使うなら、Splenda®*を控えめに
使いましょう（合成物質で作られているため、
議論があります）。ステビアも選択肢の一つですが、
私は味が好きになれません。
アスパルテームの入っている
ダイエット炭酸ジュースや
ダイエットドリンク粉末はやめましょう。

*アメリカ国内でのブランド名。

# 食べ過ぎた翌朝のデトックス

デイビッド・カーシュは、ニューヨークを拠点に活動するフィットネスの第一人者で、数えきれないほどのスターを憧れの体型にしてきました。私が5年前に業界のイベントでデイビッドに会ったとき、彼のダイエットとエクササイズに対するアプローチにすぐに夢中になりました。最高にプロフェッショナルなデイビッドは、私に食生活を見直す方法を指導し、自分でも予想しなかったほどに私の体を変えてくれたのです。ときどき健康のレールから脱線しそうになると、私はデイビッドの真剣なアドバイスに従って、自分の行動を見直します。

＊いくら調子が悪くても、ベッドからお尻を引っ張り出して、動き始めること。最悪の行動とは、シーツにくるまったまま、自分の状態やひどい二日酔いを嘆くことです。

＊すぐに水分補給をすること。水が一番です(そのままでも、ビタミンやミネラルの粉末を加えてもＯＫ)。ハーブティーでも構いません。

＊目が覚めて、活動ができる状態になったら、少し汗をかきましょう。できるだけたくさん汗をかくほどいいですが、新聞受けまで早歩きするか、犬を連れて早歩きするだけでも大丈夫です。あるいは思い切って、クローゼットに押し込んである埃をかぶったエリプティカルマシン(ジョギングマシン)を引っ張り出しても、もちろん構いません。

＊汗をかくほど、体に悪い毒素を排出しやすくなります。汗をかき始めると前の夜に飲んだカクテルの匂いがするので飲んだことを思い出すでしょう。

＊近所のピザ屋かドーナツショップに行ってしまったことを後悔している人は、おそらく私の言うところの「ぽっちゃりした炭水化物顔」を自覚しているはずです。繰り返しますが、余分な体重や脂肪を落としたいなら、汗をかくことが一番です。

＊私はよく、クライアントに一日をプロテインシェイクで始めることを薦めています(体重を増やすことなく栄養補給する最高の方法)。栄養を追加するためにビタミンやミネラルのパウダーを加えれば、活動の準備は万端です。

＊ずっと家にいるなら、次のエクササイズを1セット行いましょう。それぞれ15～20回ずつ休憩をとらずに繰り返してください。最初の1セットができたら、もう1セット挑戦してみましょう。この場合、私のモットー「いいものは、多いほどいい」が当てはまります。がに股で行うプリエスクワット、足を変えながらリバースランジ(後ろ踏み込み)、ヒップエクステンションをしながらプッシュアップ(腕立て伏せ)、ダブルクランチ(V字腹筋)、シャドウボクシング(これは約1分間)。これで体全体のトレーニングができたので、足が軽くなり、生き返ったように感じられるでしょう。

＊食事については、前の晩に食べ過ぎたからといって空腹を我慢するのは間違いです。一番いいのは、新鮮であっさりしたサラダに、チキンか魚か卵の白身などのタンパク質です。ベジタリアンなら、豆腐がいいでしょう。

＊アルコールの誘惑に勝てなかったのなら、「おいしくて脂っこい」ものが食べたいはず。チーズバーガーや揚げ物はやめましょう。元気の出る食べ物を体が求めているなら、1日のスタートをアイリッシュ・オートミールで始めることです。ほうれん草とシイタケと七面鳥のベーコンを入れた白身のオムレツを添えるといいでしょう。

# フィットネスの真実

私はずっと運動が苦手でした。幼少時代、他の子どものように走り回ったり木に登ったりせずに、絵を描いたり手芸をしたりして過ごしていました。高校のときは、体育の授業を休むためにあらゆる工夫をしました。走るのが嫌いで、フィールドホッケーにも興味がなかった（それに、体操服が地味で格好悪かったのです）ので、母は4年間、私が体育を休むための理由を何度も書いてくれました。大学では、痩せるためのダイエット方法だけに興味があり、エクササイズなど考えたこともありませんでした。

自分のフィットネスについて真実をつかんだのは、大学を卒業してからです。ジムに入ってほとんどすぐ、変化を感じました。体調が良く、丈夫になり、たくさん食べられるようになったのです。私は夢中になりました。ニューヨークで駆け出しのメイクアップアーティストだった若い頃、運動量の多いエアロビクスのレッスンを受けました。人気上昇中だったマドンナの隣でワークアウトをしたことを思い出します。当時、映画『フラッシュダンス』が大流行していて、私はスクリーンの中のジェニファー・ビールスに影響を受けたウエアに身を包んでいました。ニットのレギンスを足首でたるませて、着古して伸びた黒いスエットの首回りを、肩から脱げそうなほど大きく切って着るのです。何年もたってメイクアップアーティストとして成功した私は、ジェニファーを担当することになったとき、その話をして彼女を笑わせました。

ウェイトトレーニングの重要性に気づいたのは、25歳のときです。自分の足を見下ろしたとき、少したるんでいて引き締まっていないことに気づいたのです。すぐにウェイトトレーニングを定期的に取り入れると、嬉しいことに効果がありました（だから今でも続けています）。私のエクササイズについての考え方は、30代、40代でずいぶん変わりました。芯の強さと柔軟性を鍛えることがいかに大切なのかを学んだので、ピラティスのレッスンとロッテ・バーク・メソッド（ダンサー向けのワークアウトをベースにしたもの）を始めました。私のフィットネスのメニューは、エリプティカルマシンでのワークアウト（関節にやさしい）と早歩き（万歩計をつけて歩数を数え、友達と1時間歩く間にたいてい目標の1万歩になります）、ランニング、スピニング、ヨガ、ウェイトを組み合わせたものです。

## 動くのに理由が必要？

**長生きできる・美しくなれる：**エクササイズの利点は体重を落とすことにとどまりません。定期的に運動をすると、年齢とともに体が受けるさまざまな悪影響を克服するのに役立ちます。そして、美しく年齢を重ねることができるのです。専門家も、1日に30分のエクササイズをするだけで効果があると認めています。言い訳をしていないで、すぐに汗をかきはじめましょう。

**心臓や肺にいい：**ワークアウトは、心臓病のリスクを下げる作用があります。血中のＬＤＬ値が下がり、ＨＤＬ値が上がります。さらに、高血圧の家系の人にとって嬉しいことに、エクササイズは高血圧を予防する効果があります。すでに血圧が高すぎる人も、エクササイズで下げることができます。有酸素運動を続けると、肺にもいい影響があります。酸素をより多く摂取でき、細胞に栄養が行き渡ります。

**骨と筋肉をつくる：**年齢を重ねるにつれて、骨密度や筋肉量が低下します。嬉しいことに、筋力トレーニングと体重負荷トレーニングをすれば、そのプロセスを実際に遅らせたり逆戻りさせたりできるのです。ウェイトトレーニングや筋力トレーニングが、すでにある骨を守り、新しい骨を作ることさえあるという研究結果があります（骨粗しょう症になりやすく骨が弱くなっている閉経期や更年期の女性にとって、大きな利点になります）。これらのエクササイズは、引き締まった筋肉の減少を抑えたり、失われた筋肉細胞を再生したりする効果もあります。強い骨と筋肉は、バランス感覚を向上させ均整のとれた体をつくるため、転倒やつらい骨折の防止につながります。

**体重の増加を抑える：**数学は得意ではありませんが、シンプルで分かりやすい方程式を紹介しましょう。体重を減らしたければ、摂取した以上のカロリーを燃焼しなくてはいけません。これまで説明してきたように、エクササイズは筋肉を作ります。そして筋肉は脂肪より多くのカロリーを（休んでいる間でさえも）燃焼するのです。健康的な体重を保てば、骨や関節にかかる圧力が低くなり、関節炎を防ぐことができます。

**病気を防ぐ：**規則正しいエクササイズと健康的な食事を組み合わせると、糖質を正しく代謝する機能がうまく働かなくなる2型糖尿病（成人発症の糖尿病として知られています）の予防や治療に役立ちます。エクササイズをすれば、大腸癌や子宮内膜癌、乳癌などある種の癌を予防する効果もあります。

**元気になる：**エクササイズをしている人はたいてい、していない人に比べてリラックスしていますが、それは偶然ではありません。私は1日か2日エクササイズを休むと、すぐに気分やストレスの反応に変化が表れます。なぜでしょうか。ワークアウトはエンドルフィンの生成を促進し、その神経伝達物質が、気分を高めたり自然な鎮静作用を与えたりするからです。

**ぐっすり眠れる：**寝る数時間前に適度なエクササイズをすると、過度の緊張から体が解放されて、ぐっすり眠ることができます。

## ボビイのアドバイス やる気の出る音楽

1. "Hot in Here" Nelly
2. "Satisfaction" The Rolling Stones
3. "The Way You Move" OutKast
4. "Think" Aretha Franklin
5. "With or Without You" U2
6. "Lose Yourself" Eminem
7. "We Will Rock You" Queen
8. "Born to Run" Bruce Springsteen
9. "Smooth" Carlos Santana
10. Saturday Night Fever (the whole album)

## おしゃべりテスト

自分がエクササイズをがんばっているかどうかを、
知る方法があります。話をしてみましょう。
もし簡単に会話が続けられるなら、
エクササイズの強度は軽〜普通程度です。
もし、文章を一言言い終えるだけで息切れしてしまうなら、
十分に一生懸命やっているといえます。
変化を手に入れるためには、汗をかかなくては
いけないことを忘れないでください。

# 自分にぴったりのエクササイズをつくる

**誰にでも合うエクササイズプログラムなどありません。人の体はそれぞれ違いますので、同僚や友達にぴったりのプログラムが、あなたにも効果があるとは限らないのです。何でもいいから、とにかく毎日行うこと。スニーカーの紐を締める前に、いくつか自分に質問をしてみましょう。その答えで、どんな種類のエクササイズをするべきかが決まります。**

### 目標は？

服のサイズをいくつか落としたいのか、割れた腹筋を手に入れたいのか、レースに出たいのか？　目標を明らかにしたら、それを短期目標と長期目標に落とし込みます。目標を一つずつ確認して、難しすぎず、達成可能なものにしましょう。

### 筋肉の強さは？

もしトレーニングマシンで運動を続けるのが苦にならないのに引き締まっていないなら、ウェイトリフティングをワークアウトに取り入れるといいでしょう。クロストレーニングをすることで、単調でなくなるだけでなく、同じ筋肉や関節を使いすぎる危険を防止する効果もあります。

### どんな運動が楽しいですか？

自分のライフスタイルに合うエクササイズを選びましょう。たとえば、自転車に乗るのが好きなら、おそらくスピニング（固定自転車トレーニング）が楽しいでしょう。覚えておいてほしいのは、脈拍を上げるようなエクササイズが効果的だということです。

### 人と一緒にいるのが好きですか？それとも一人が好きですか？

人に囲まれていると気分が高まるなら、ジムでグループレッスンに参加しましょう。逆に、一人でいることが好きなら、家でワークアウトをするかジムのマシンを使うといいでしょう（iPodでテンポのいい音楽を聴きながらのほうが、長く続けられるでしょう）。

1週間単位でワークアウトのスケジュールを立て、仕事のミーティングのように、家族や友人に発表しましょう。スケジュールがすでに確保されているほうが、計画通りにエクササイズを行いやすくなります。さらに、人生は変化がつきものですから、気分がすぐれないときや、燃え尽きてしまったように感じるときは、休みをとりましょう。1日や2日エクササイズを休んだからといって、世界が終わるわけではありません。休んだ後は、エネルギーもやる気もアップして、また取り組むことができるはずです。

### フィットネスに取り組むための３つのポイント

フィットネスには、3つの要素があります。それは有酸素系フィットネス、筋力系フィットネス、柔軟性です。**有酸素系フィットネス**を行うと、酸素をエネルギーに変える効率が高くなります。これはつまり、長時間集中的にトレーニングができるということです。有酸素運動の例として、ランニング、自転車、水泳、キックボクシング、ステップエクササイズなどがあります。**筋力系フィットネス**は、内筋と外筋の両方が鍛えられ、体が引き締まります。筋力系フィットネスをさらに強化するには、ウェイトリフト（ウェイトマシンかダンベルのどちらでも好みに応じて選びましょう）やプッシュアップ、ランジ（臀部・脚部を鍛えるトレーニング）などのエクササイズを行いましょう。また、**柔軟性**を高めると、動きの範囲が広がり、筋肉の痛みやエクササイズによる怪我を防ぐことができます。ヨガやピラティスはどちらも柔軟性を高めるいい方法です。

# ヨガを始めましょう

私が20代のとき、モリー・フォックスのフィットネス教室が大流行しました。彼女はエネルギーにみちあふれ、とても真剣で、ある意味で少し近寄りがたいほどでした。最近になってモリーに連絡を取り、本章のためにフィットネスについて教えてほしいと頼んだとき、私はモリーの禅のようなエネルギーに魅了されました。そのエネルギーの源とは何でしょうか。モリーのフィットネス法は、運動量の多いエアロビクスをヨガに発展させたものでした。モリーが教えてくれた、あなたにぴったりのヨガを見つける方法を紹介しましょう。

### フィットネス系ヨガ

汗をかいて体を引き締め、強い体をつくりたい場合は、ヴィンヤーサヨガ、アシュタンガヨガ、パワーヨガ、フォレストヨガ、ジバムクティヨガ、ブダコン(ヨガと瞑想と格闘を合わせたもの)、ビクラムヨガ(セ氏37.8度以上に暖めた部屋で行うもの)がお薦めです。このほとんどが、プッシュアップ、強い足のポーズ、腹筋、姿勢を強化するコア(体の中心軸)ワークを含みます。

### リラクゼーション系ヨガ

ストレスを減らし、緊張から解放され、内面の感受性を高め、柔軟性を高め、気分が良くなりたいなら、リストラティブヨガ、クリパルヨガ、イントレガルヨガ、ジェントルヨガがいいでしょう。これらのクラスでは、やさしいポーズを長く保つことを心がけ、呼吸や緊張の解放を集中して行います。チャンティング(詠唱)など、精神面を重視したクラスもあります。

**癒し系ヨガ**

心の傷を癒し、姿勢を正しくし、心肺機能を高め、ストレスを軽減し、心を開きたい人には、ワークアウトに加えて次のヨガをお薦めします。アイアンガーヨガ、アヌサラヨガ、ヴィニヨガは、アラインメント（体を一直線にすること）とコアを強化するものです。アイアンガーは、支えとなる器具を使ってポーズを長く保ち、そのポーズの中で体の芯を強く柔軟にすることで知られています。またアヌサラヨガは、そのアラインメントの原則と、大きな喜びと精神性の向上のために心を開く方法が特徴です。ヴィニヨガでは、アラインメントを非常に重視します。呼吸を止めずに行うことで、より深い呼吸、より自由な動き、強さと柔軟性が高められ、同時に体と心のつながりが強化されます。

# デボラ・メディロス－ベイカーの場合

## 12週間の栄養とフィットネスによる変身

**デボラ：**「鏡を見ると、時の積み重ねを感じます。50代としては悪くないと思いますが、体型の崩れにはがっかりしました。若いときは人から、ツィギーみたいだと言われていたのです。大人になってからも定期的に運動を続けていましたが、子どもが生まれてからは挫折してしまいました。家庭と仕事を両立させるとなると、簡単に切り捨てられるのがエクササイズだったのです。フリーのスタイリストとして働いているので、仕事の時間は非常に不規則で、食事を規則正しくとることができません。ストレスのせいで、夜中にスナック菓子を食べてしまうこともあります。

欠点を隠すことばかり考えずに洋服を着たいです。私のクローゼットは、捨ててしまいたい補正下着でいっぱいです。すっかり体型が変わってしまいましたし、そのうえコレステロールの高い家系なので、体にいい食事について学びたいと思います。1985年に戻りたいとまでは言いませんが、もう少し改善したいと思います」

**ボビイ：**私は、デボラをニュージャージーのプラチナ・フィットネスに連れて行き、栄養士のリッチ・フィッター、トレーナーのモニカ・トレンティンというメンバーで、デボラのためのチームを結成しました。目標は、12週間でデボラをシェイプアップし、体脂肪を8パーセント減少させることです。

**リッチのプラン：**「デボラは、食べ物についての考え方を変える必要があります。多くの女性は、体重を減らしたければ、食べてはいけないと考えています。しかし、摂取するカロリーのうち65パーセントは、基本的な代謝によって消費されます。ダイエット中の多くの女性が、この代謝量に達するまで十分なカロリーを摂取していないのです。だから減るのは水分や筋肉や骨量だけで、脂肪は減らないことになります。

食生活を変えようと思うなら、食べ物に気を配ることです。毎日のパターンをひと目で見られるように、食べたものを記録します。おそらく、好きなものをたくさん食べているでしょう。それをあきらめる代わりに、食事の組み立て方を理解することが重要です。そうすれば好きなものをやめる必要はありません。

デボラのプログラムは、先に計画を立てることが肝心です。自分でも体によくないものをつい食べてしまうと分かっているなら、前日の夜に食事の組み合わせを決めてしまう必要があります。新しい行動が習慣化するまでには3週間かかるという研究結果がありますので、デボラも最初のうちは、古い方法を断ち切るのがつらいかもしれません」

**モニカのプラン：**「デボラの希望は、全体的な体の調子とエネルギーレベルを向上したいというものです。そして、お腹を引き締め、柔軟性を高めたいと考えています。そのためには、30分の心拍数を上げるトレーニングを週に4日と、筋力トレーニングを週に2日組み合わせる必要があります。

筋力トレーニングとコア(体の芯)を鍛えることの重要性は、いくら強調しても足りないぐらいです。女性に多い最大の誤解は、ウェイトトレーニングをすると太くなるというものです。私は実際に、クライアントからウェイトトレーニングをする前にダイエットをしなくてはいけないのだと言われたことがあります。

デボラの問題は、とにかくエクササイズをする時間を確保することです。決まった勤務時間がないため、スケジュール通りに実行することはとても難しくなります。私がアドバイスしたいことは、二つです。まずは1週間ごとに計画を立て、それぞれの週に合った、特別なエクササイズプランを作るのです。そして、計画通り進まなくても気にしないで、その週のうちどこかに埋め合わせのできる時間がないかを探すのです」

デボラ実践前

デボラ実践後

**実践：**「このプログラムのおかげで、私は自分の時間の使い方を意識せざるを得ませんでした。結果的には、実はタイムマネジメント全体について、プログラムが役に立ったのです。まさかと思うでしょうが、もう一つ難しかったことは、数時間ごとに少量の食事をとらなくてはいけないということでした。私は実際、『食べなくちゃ！』と思い出さなくてはいけませんでした。プログラムをやっと半分終えたとき、すでに効果が目に見えましたし、実感できました。ワークアウトの終わったときのすがすがしい気分は最高で、幸せといってもいいほどでした。以前のように、ストレスがたまって食べもので解消しようとすることが少なくなりました。1杯の紅茶や好きな本など、他に解消する方法があることを知りましたから。パンツのウエストはゆるくなり、ボタンが前のように引っ張られることがなくなりました。安心しました。結果には満足で、元に戻りたくはありません。だから今は友達と出かけても、マティーニを断って、赤ワインを1杯とお水を飲みます」

**結果：**「このプログラムは私が必要としていたことの足がかりとなりました。最初は、体重がたいして減っていないことにショックを受けましたが、脂肪率の低下は体重の数値よりずっと重要だということを知りました。3ヶ月の間で最も難しかったことは、スケジュール管理と1日のうちに何度も計画通りに物を食べることでした。これは体を飢えさせないためだということが分かりました。そうしなければ、飢餓モードに入った体はエネルギーを蓄えるために脂肪を増やしてしまうのです。ワークアウトのおかげで、夜遅くに何か食べたいと思うこともなくなりました。

　クッキーやチョコレートに手を伸ばしかけては、何度も思いとどまりました。なぜなら、そんなことをしてもいいことはないからです。健康になりたい人にアドバイスするなら、とにかく何かやってみることです。何でもいいから、何かを始めること。公園へ歩いていくことでも構いません。友達を誘いましょう。飲みに行ったり電話で話したりする代わりに、ジムで運動する約束をすればいいのです」

体脂肪率　前：37.2%　後：31.9%
除脂肪体重(LBM)　前：50.9kg
　　　　　　　　　後：54.1kg

CHAPTER 8

# HEAD-TO-TOE MAKEOVERS

頭からつま先までイメージチェンジ

## おしゃれになれる素晴らしい方法

私は長年、美容とファッションの仕事に携わりながら、たくさんの才能ある人に囲まれてきたことを幸せに思います。スタイリスト、美容師、デザイナー、雑誌の編集者。優れたセンスのある人ばかりです。私が彼らから学んだことは、トレンディーでファンキーなスタイルは、選ばれたごく一部の人のためだけにあり、私たちを含めその他の多くの女性に一番似合うのは、クラシックで清潔なスタイルだということです。ファッションのために高額のお金を使う必要はありません。私が一番好きなスタイルは、実はそれほど高価ではないアイテムに、上質なものを一つだけ効かせる組み合わせです。質のいいスーツや靴、バッグなど、この先5年も10年も使えるようなクラシックなものに投資しましょう。それにシーズンごとに買いかえられる安いものを組み合わせるのです。シンプルで体に合った(大きすぎず小さすぎない)服はいつでもあなたを引き立ててくれます(詳しくは第5章を参照)。モダンなものとクラシックなもの、流行のものと似合うものを組み合わせてみましょう。自分の好みに合わせればいいだけです。センスを身につけるためには、まずは素敵だと思った女性を観察してください。雑誌の中に、気に入った写真や参考になる写真を見つけたら、切り抜いておきましょう。そして、ほんの一つ新しいものを取り入れただけで見違えるような変化が手に入るということを、覚えておいてください。この章では、ドラマチックな変化を手に入れた女性たちを紹介しましょう。

# アビー・クーパーバーグ

### イメージチェンジの内容

アビーは素晴らしいスタイルの持ち主です(たくさんのエクササイズをこなしているのです)が、大きすぎる服に身を包んでしまっているために、そうは見えません。体に合った服を着るだけで大変身できる女性だと思いました。アビーの好みはシンプルなものだったので、ぴったりしたクルーネックのシャツに、黒のブレザー、フレアジーンズにハイヒールを選びました。少しすそが広がった長めのジーンズをはくと、背が高く見えます。また、先のとがった靴を合わせると格好よく決まります。アビーの髪は7割がグレーになっていたので、ベージュブロンドのハイライトに暖かい栗色のローライトを組み合わせて元気な感じを出しました。ごくナチュラルなメイクですが、いきいきした印象を損なわないような強さは残しました。ダークブラウンのアイライナー、ペールピンク(淡いピンク)のクリームチーク、バフカラー(ベージュピンク)のリップグロスを使った軽いメイクで、ずいぶん印象が変わりました。

### イメージチェンジ前

「全体的に自分ではそんなに悪くないと思いますが、ベストでもないと分かっています。普段はごくカジュアルで、本当に特別なことがない限りドレスアップすることはありません。メイクもほとんどしませんし、目が疲れて見えることに気づいたのも最近です。髪は、天然のウェーブがかかっていて、少しハイライトが入っています。髪をきれいにしておくのは苦手で、定期的にカットやカラーに行ったりもしません。服装については、普段はジーンズに重ね着のできるゆったりしたトップスを合わせます。ぴったりした服とは程遠いですね。スニーカー、フラットシューズ、ヒールの低いブーツがほとんどで、ハイヒールはまったく履きません。履き心地のよさを優先しています」

### イメージチェンジ後

「自分の変身ぶりには、本当に驚きました。髪がストレートにセットされていましたが、顔が長く見えるような気がして、落ち着きませんでした。このメイクは好きです。ナチュラルで、ちょうどいい感じに仕上がっています。長いジーンズとブロンズのパンプスは写真で見ると素敵ですが、普段着には向いていないと思いました。イメージチェンジの内容の多くは、私にとって実用的ではありませんでしたが、ちょっとした努力でこんなにきれいになれると分かったことは、とても楽しい体験でした」

### アビーの一言

イメージチェンジは、新しいものを試し、自分に合うものを取り入れる素晴らしい方法です。私は、ストレートとウェーブの中間に髪をセットするようになり、ずいぶん変わりました。

ドレスアップをするのに、特別な理由はいりません。そのときの気分によって、カジュアルでないものを着る機会をもっと増やそうと思います。

フルメイクをしなくても、きれいになれます。何が自分に似合うかを知ることが大切なのです。私にとって、それはアイライナー、マスカラ、軽いチークです。

健康を保つことが美しく年齢を重ねる秘訣だと思っています。私は週に3回エクササイズをするようにしています。ワークアウトに行けない日には、家で約20分間ストレッチをしています。

# デビー・フィッツジェラルド

### イメージチェンジの内容

デビーとは10年以上前から（子ども同士が幼稚園に入る前から）の付き合いです。デビーは何年も印象の変わらない人で、ずっと新しいものを取り入れていませんでした。私たちは、流行を追わずにモダンな印象をつくることを目標にしました。

デビーは普段はあまりメイクをしないので、ティントタイプ（薄づきタイプ）のモイスチャライジングバームを使って自然な印象をそのままに、ナチュラルなブロンジングパウダー（日焼けしたようにみせるパウダー）で元気な感じを出しました。きれいなブルーの瞳を際立たせるために、ネイビーのアイシャドウでラインを引きました。ペタルピンク（薄ピンク）のリップペンシルと透明なグロスを唇にのせて、メイクは完成です。髪にはキャラメル色のハイライトを入れて顔を明るくしました。カットで新しさを出すために、後ろを短くして、前に動きをつけています（これでボリュームアップもできます）。仕上げには、スタイルが良く見える服を選びました。シンプルな白のトップスにぴったりしたベルベットのブレザー、長めのおしゃれなジーンズ。少し流行を取り入れながらも落ち着いた印象になっています。少し変えただけで、驚くほど印象が変わりました。

### イメージチェンジ前

「私は本当に忙しい毎日を送っています。仕事があり子供もいますから、何年もの間、決まったやり方をずっと続けてきました。美容についてはごく基本の手順だけを守っています。髪は洗ってコンディショナーを使い、顔は保湿をして、軽くチークとマスカラをつけています。服装は、楽で動きやすいものが好きですね。いつも仕事ではスーツを着て、家ではセーターにパンツです。ワンパターンだと思うので、もう少しいきいきした感じになるような、華やかな印象のものが欲しいです」

### イメージチェンジ後

「いきいきしていて、いつもよりリラックスして、元気なイメージになったと思います。普段より強いメイクなのに自然に見えます。自然かどうかは私にとって重要です。肌はとてもいい感じで、いつもよりたくさん呼吸をしているようです。これはメイク前に塗ったアイクリームやリッチなフェイスクリームのおかげでしょうね。一番大きな変化は、なんと言っても髪です。まるで、若い頃の自然なゴールドのハイライトが戻ってきたようで、本当に明るくなりました。服はとてもスタイリッシュで、いつも着ているものより25年も若返った感じです！　普段のパンツ以外のジーンズをはくことは、私にとってチャレンジでした。靴も素敵ですが、これを普段に履いている自分の姿は想像できません」

**デビーの一言**

正しいスキンケアをきちんと続けることは、とても大切です。いつものケアにアイクリームを加えたので、目の周りはずっとみずみずしくなりました。唇は年齢とともに薄くなってぼやけてしまいますから、くっきり、ふっくらした唇に見せるためには、輪郭をとることが効果的だと分かりました。

ショッピングでは、思い切って試してみることです。今では、自分の体型をもっと引き立ててくれるものを探して、いろいろなデザイナーの服をどんどん試すようになりました（コツは、10代の娘を買い物に連れて行くことです）。

40代や50代になっても、まだまだ終わりではありません。実際、私にとっては始まりにすぎません。ようやく、これまでで一番アクティブに、熱心に、元気に自分の時間を過ごせるときがきたと感じています。

# リンダ・ファーン

## イメージチェンジの内容

リンダは、ごくわずかに手を加えただけで大きく変身できる女性の、典型的な例です。とてもセンスがいいので、それを変えたくはありませんでした。1サイズ小さい（ずっとかっこいい）ジーンズに、カシミアのセーターとスリムなブレザーでトップスをよりぴったりと見せるなど、最小限の手直しだけにしました。リンダには、「シンプルなほどいい」という方針を貫き、メイクも最小限にとどめました。そばかすが透けて見えるほど透明感のあるティントタイプのモイスチャライザーにスティック状のファンデーションを使って、目のクマと悩みの種であるシミをカバーし、シアーなブラウン系ピンクのリップティント（薄づきリップ）で唇をほんのり色づけ、マスカラを少しつけます。髪は「洗いっぱなし」でいたいという希望だったので、すその重さを減らすため5センチだけカットして整えました。

## イメージチェンジ前

「自分の外見については、本当に最小限のことだけをしています。子育てと仕事でとても忙しく、自分にたくさんの時間を使うような贅沢はできないので、シンプルで扱いやすいものを選ぶようにしているのです。髪はあまり手をかけず、カラーリングもしません。服については、仕事用にパンツスーツ、週末はジーンズにセーターを選びます。いつものスキンケアは、洗顔料にモイスチャライザー（保湿クリーム／乳液）、アイクリームを少しだけです。顔のシミが大きくなっているような気がするので、目立たなくなると嬉しいです」

## イメージチェンジ後

「ボビイが最初に声をかけてくれたとき、あまり乗り気ではなかったことを考えると、このイメージチェンジは思っていたよりはるかにいい体験だったといえます。ボビイ、美容師、スタイリストの誰もが、とても自信を持って仕事をしていたので安心でした。このイメージチェンジは、これとこれを着るべきだということはではなく、極めて私の個性にぴったりと合ったものでした」

**リンダの一言**

きれいなブレザーは、ワードローブの基本です。合わせるものによって、平日から週末まで簡単に着まわすことができます。

肩の長さで切った私の髪は膨らみやすいのですが、先端を軽くすると洗いっぱなしでも大丈夫なスタイルになることが分かりました。

美容とは、自分らしい好みのスタイルでいることです。型にはまった美容の定番をオーダーすることではありません。自分が満足できることをすればいいのです。

# リンダ・バーコヴィック

### イメージチェンジの内容

リンダは大きめの服を着て体を隠していたので、形のいい洋服を着るために極端に痩せている必要はないことを知ってもらおうと思いました。体のラインをすっきりさせる補正下着をつけて形のいいパンツをはくと、どれほど足が細く長く見えるかを体験してもらいました（リンダは、パンツの形選びでありがちな失敗をしていました。トップが太めですそが細くなったものをはいていたのです）。目をくっきりさせるために、黒のジェルアイライナーを使い、ディープなプラムのパウダーシャドウを上からのせてぼかしました。肌がきれいなリンダには、ティントタイプのモイスチャライジングバームを軽くつけるだけで十分でした。アプリコットのチークをつけると、とてもかわいらしい仕上がりになりました。モダンな感じに仕上げるために、前髪を横に流し、はねないようにすそをストレートにブローしました。

### イメージチェンジ前

「私は、ごくシンプルでカジュアルなスタイルが好きなので、ブロンザー、マスカラ、リップグロスを少しつけるだけです。いつもは、髪を乾かしたら寝る前にピンを何本かつけておきます。シンプルなトップスとパンツばかりで、スカートやドレスはもうほとんど着ません。最近太ってしまったせいだと思います。ワードローブについて何かアドバイスがもらえると嬉しいです」

### イメージチェンジ後

「何もかも、最高です。メイクも髪型も気に入りました。それに何よりも、服によってこんなに気分が変わるのだということが、驚きでした。このジーンズをはくとずいぶん細く見えます。大きめの服を買うと太めに見えるだけだということが分かりました。目をくっきりさせるコツを教えてもらいましたし、いつも写真で見るとまばらだった眉をはっきりさせる方法も分かりました」

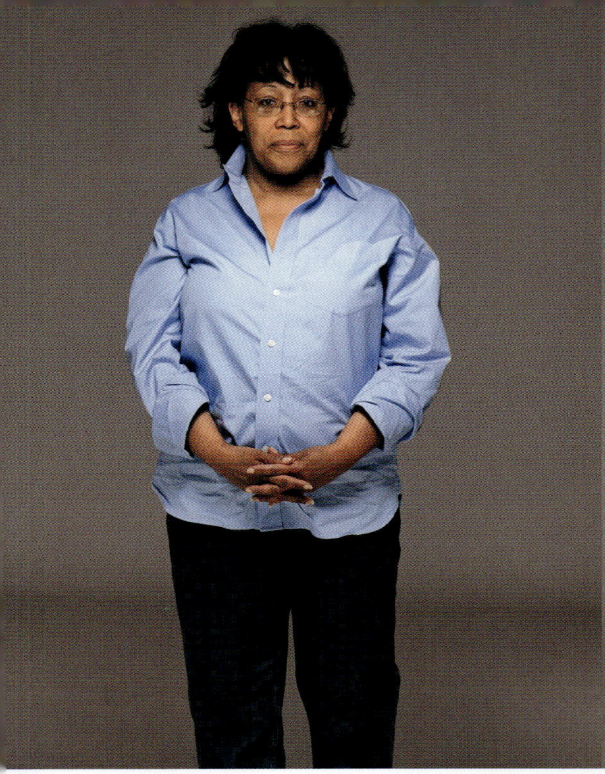

### リンダの一言

体にぴったりの洋服を着るのに、痩せている必要はないのです。私はいつも、大きめで、すとんとした形の洋服ばかりを選んでいましたが、これからはもっとフィット感のあるものを選ぶつもりです。

ふんわりした髪でいるには、コンディショナーが欠かせません。私は週に2回はトリートメントをする必要があるのだと分かりました（さらに保湿効果を高めるためにオリーブオイルを混ぜるつもりです）。

メイクについては、バランスが一番大切です。上下にアイラインを入れて目元をくっきりさせたいときは、自分の唇の色に合わせたヌードカラーのリップでバランスをとらなくてはいけません。

# 人生を変えるイメージチェンジ
# スザンヌ・フィー

### イメージチェンジの内容

　スザンヌは、私の子どもたち全員の先生です。ほんの少し手を入れるだけで、とてもきれいになるはずだと思いました。美しい人なのに、髪のせいで印象が暗くなっていました。私は、ダークなアッシュ（グレーがかった）ブラウンで白髪をカバーし、柔らかいレイヤーをトップに入れて髪を落ち着かせ、コテでストレートに仕上げました。目のクマが目立っていたので、コレクターとコンシーラーを組み合わせて、顔を明るくしました。少し薄くなっていたまつ毛にボリュームを出すために、生え際に沿ってダークなパウダーシャドウを入れました。トレードマークの赤い唇が他の部分の印象を消してしまわないように、ペールピンクのチークで頬をいきいきさせました。

### イメージチェンジ前

「こまごまと手をかけたいとは思いません。今の私は、外見に気を使うよりも、本を読んだり犬と散歩したり編み物をすることに多くの時間を使う生活をしています。メイクについては、何もしないときでも口紅だけはつけます。髪に白髪が混じるようになりましたが、それが自然だと思うので、カラーリングはしなくてもいいと思っています。私の髪はもともとウエーブがかかっていて、ときどきはブローしてカールをほぐすこともありますが、たいていは自然のままにしてあります。基本的に、今の自分に満足していますが、自分がすごく素敵に見えるとは感じていません」

### イメージチェンジ後

「鏡を見たとき、そこにはまったく新しい自分がいました。ゴージャスで、まるで女王様になったような気分でした。内面と外見の美しさに強い繋がりがあるのだということが分かりました。自分がきれいだと思えると、自分のことをもっと好きになれるのです。そしていい気分でいられると、人生の別の面をじっくり考えるのも簡単になります。私は、何年も周りの人を世話してきて、今ようやく自分自身に注意を向け始めました。このイメージチェンジは、私が強く求めていたきっかけを与えてくれました。初めは新しい髪の色を暗すぎると思いましたが、今では本当に私の肌を明るく見せてくれる色だと思います。何より、ストレートヘアが気に入りました」

**スザンヌの一言**

メイクは、手に力を入れないで（ライトに！）しなくてはいけません。目の下のコンシーラーをなじませるには、塗るよりたたく方がいいことが分かりました。

髪の扱いに困っている人は、美容師にアドバイスしてもらいましょう。私は毎日コテでセットするようになって、髪の印象がずいぶん変わりました。

あなた自身に忠実であってください！　自分に合ったことをすれば、いい状態でいられるのです。

# CHAPTER 9

# BEAUTIFUL INSIDE & OUT

## 内側も外側も美しく

## 自然体で美しい女性たち

いつ見ても美しい女性がいます。他の人より美人だという意味ではありません。頭からつま先まで、全身のコーディネートが上手なのです。私は、じっと見つめずにはいられません。それほど彼女たちは、きれいで、自信にあふれ、何よりも素晴らしいのは肩に力が入っているように見えないのです。ただ自然体で美しい。でも、その秘密はどこにあるのでしょうか。

この章では、生まれつきの優れたセンスや、ファッションと美容についての豊かな知識が備わっている女性たちを紹介します。女性が憧れる女性たちに、美しく、心地いい気分でいられる秘訣を教えてもらいましょう。

# Maureen Case

モリーン・ケイス
**ボビイ ブラウン コスメティックス、社長**

美しさは自信です。態度、洋服の着こなし、他人に対する態度について、自分の中にある確かさなのです。ポジティブな人生観は、外見に最も大きな影響を与えます。また、エクササイズやきちんと栄養をとることは、間違いなく良いことです。確かに、どちらにもかなりの自制心が必要ですが、「心地いいと感じると、きれいに見える」という明らかな真実が、私の原動力になります。そして「いつでも楽観的でいること」がいい結果につながっています。

年齢を重ねるにつれて、私は人生で起こる良い出来事に特に目を向けるようになりました。自分の手の中にないものを嘆いても、状況は何も変わりません。世の中のためになることを大切にしていると、自分の周囲も変わってくるものです。

# Terri Borden

テリ・ボーデン
ファッションコンサルタント

私は40代になって、今が人生で一番楽しい時期だと感じています。いくつになっても、その年齢の自分が好きです。ワークアウトを続けて健康でいる限り、年齢を重ねることも悪くありません。子どもを追いかけて走ることが、私にとって一番のエクササイズです。美容法については、「シンプルなほどいい」ことが分かったので、クレンザーとモイスチャライザーだけを使い、最小限のメイク（リップグロス、アイライナー、ブロンジングパウダー）をしています。そして、その原則を人生でも守っています。

# Tiina Laakkonen

ティナ・ラッコネン
**ファッションスタイリスト**

自分自身と自分の特徴をすっかり好きになったとき、美しさが生まれます。ありのままの自分に満足し、自分らしさを気持ち良く受け止められることが大切です。年齢を重ねることの素晴らしい点は、心の持ち方次第でいつでも「大丈夫、私はそれほど悪くない」と言えることです。「シンプルであるほど美しい」のだと、私はずっと信じています。

私のスキンケアはシンプルです。水で洗顔してモイスチャライザーをつけ、ときどきスクラブを使います。何を食べたか、どのような生き方をしているのか——それがすべて顔に表れるのです。

# Rose Marie Bravo

ローズ・マリー・ブラヴォ
**バーバリー、副社長**

美しさは人の内面で生まれるものであり、大切なのは精神や魂です。それが、独特のかけがえのない要素として、その人らしさを生み出しているのです。自分らしさを失わない人は誰もがきれいです。自分自身、仕事、家族を大切に思う心は、外見に表れます。年齢を重ねるにつれ、私は「ニーバーの祈り」の助けを借りて、変化を乗り越えるようになりました。「自分に変えられない物事を受け入れ、変えられる物事を変える勇気と、その違いを見極める知恵を持つこと」。年齢による変化は、今の瞬間を楽しみ、愛する人を大切にしなさいという警告を発する光なのです。

# Robin Brooks

ロビン・ブルックス
ブルックス フード グループ、CEO

自分を美しいと感じているなら、人からもそう見えるというのが、私の哲学です。それを実現するために、ストレスを最小限に抑え、エクササイズで1日を始めます。朝、海辺を歩くと平和で穏やかな気持ちになります。また、ウェイトトレーニングとヨガもしています。そして、自分の人生と周りのすべてに感謝しています。

私が心がけているのは、十分な保湿と清潔を保つことです。眉は顔を引き立たせる形に整え、定期的にまつ毛と眉を染めています。必要なスキンケア製品と化粧品は、いつも手元に置いておきます。たとえば、上質のクレンザー、ミストウォーター、モイスチャライザー、アイクリーム、ＳＰＦ30以上の日焼け止め、シエナ色（黄褐色）のスティックチーク、マスカラ、リップグロスなどです。

# Ola Itani-Chan

オーラ・イタニ - チャン
プラダ　ブロードウェイ、VIP サービス／コンシェルジェ

私は、シンプルで自然な美しさが一番だと思います。ウォーキング、水泳、瞑想、フットマッサージ、それに健康的な食事（野菜、白身の肉、魚、ときどき赤身の肉、1杯の赤ワイン）を組み合わせると、外見も気分も最高の状態でいられます。顔は朝と夜に冷たい水とフェイスソープで洗い、必ずフェイスクリームで保湿します。シャンプーとコンディショナーは毎月変えますが、カモミールが入ったものはグレーの髪をオレンジに変えてしまうことがあるので、気をつけています。

ファッションについては、着心地が良く、美しく、少しセクシーな装いをお薦めします。若々しい気持ちで、グレーになった髪を楽しみ、笑顔で毎日を送ることが大切だと思います。私は、今の自分が持っているもの、今の自分があることを感謝し、家族や友人と過ごせる幸せを感じています。怒っても何も解決することはできず、早く老けるだけです。

# Kelly Klein

ケリー・クライン
**フォトグラファー**

美しさは内側から生まれてくるものでなくてはいけません。顔、目、肌や背の高さではないのです。美しいと感じるためには、外見に頼っていてはいけません。それは年齢を重ねるにつれて変化してしまいます。美しさにとって大切なのは、魂と精神です。自分という人間に満足し幸せだと感じられる人は、完璧に美しい人だと思います。朝起きて、目を開けて、鏡を見ないでもいい気分になることこそ、美しさなのです。

私は普段自分にそれほど手をかけていません。ボディトリートメントやフェイシャル、クリームや薬は、自分自身ではあまり使いません。ただし、夜にはたっぷりと休養をとるようにしています。太陽が昇ると目を覚まし、太陽が沈むと緊張をほぐし始めます。睡眠が私を「維持」する大きな働きをしているのだと思います。

# Gayle King

ゲイル・キング
『オー・ジ・オプラ・マガジン（O, THE OPRAH MAGAZINE）』、総合監修者

私は21歳のとき、祖母にこう言われました。「あなたは他の女の子ほど神様に親切にしてもらえなかったのね。お化粧を始めたほうがいいわ」。何年も、私はそれを真実だと思ってきました。しかし、ヘアメイク担当者たちの素晴らしい才能に信頼を寄せて何度もヘアメイクを担当してもらううちに、初めて自分の生まれつきの顔に感謝するようになったのです。

人からもっと美しいと思われたいという人もいますが、私はありのままの自分が好きなので、いつでも満足です。そして、気に入った色の口紅は、どんなときでも効果を発揮してくれます。筋力トレーニングの価値も知りました。私の場合、トレーニングで完全に体型が変わり、体の調子がずっと良くなりました。年齢を重ねれば重ねるほど、エクササイズが重要になってきます。それは憂鬱なことですが、確かに本当のことなのです。今にして思えば、お母さんの言う通りでした。たっぷり野菜を食べて、甘いものは控えめにするのが一番です。

# Jane Sarkin

ジェーン・サーキン
『ヴァニティ・フェアー』誌、特集記事デスク

私の持つ美しさはすべて、家族がいるからこそ生まれるものです。子どもたちや夫が幸せそうにしていると、私も幸せになれるのです。若い頃よりきれいになったのではないかと思いますが、それは充実した生活を送っているからだと信じています。美容については、面倒な細かいことは常に最小限に抑えるようにしています。髪の手入れを簡単にすませ、クレンジングと保湿クリームでスキンケアをします。ほぼ１日中ノーメイクですが、外出するときは軽くメイクします。長い髪をポニーテールにするのが気に入っています。

時間は過ぎてゆくものですから、できるだけすべての瞬間を楽しみましょう。穏やかな心で、健康を保ち、できるだけ体にいいものを食べ、できる限りたっぷり眠りましょう。そして、若々しい心を持つのです。

# Jill Cohen

ジル・コーエン
**ボビイ ブラウン コスメティックス、新規事業開発部**

美しさとは、落ち着いた気持ちで、自信を持っていることです。元気でいること、健康を感じること。心も体も含めた自分自身をいたわる方法を知っていること。そのすべてにバランスが取れたとき、私の考える本当の美しさが実現します。エクササイズを毎日するようになって、私の生活は大きく変わりました。エクササイズを続けていると、食べ物に注意を払い、体に良いものを選ぶようになるのです。私は太陽が好きですが、もう肌を焼くことはありません。その代わり、お昼休みに15分間、外に座って太陽を浴びます。また、シンプルで仕立てのいい洋服を組み合わせると、とてもいい気分でいられます。1日の終わり、娘たちや夫や親しい友人と暖かい夜に外で食事をしている時が、一番自分を美しいと感じます。

# Lynn Tesoro

リン・テソロ
**HLグループ、パートナー**

私はいつも美容については自然な方法を選んできました。そして最近さらにその傾向が強くなっています。私は何事もシンプルに気楽に捉えるようにしています。やりたいことをしていると落ち着きます。自分がどんな人間か分かっているので、無理なことに関わって時間を無駄にすることはありません。毎日何か運動をすることについては、ジョギングでも、最近夢中になっている乗馬でも、真剣に取り組んでいます。

1日をワークアウトで始められたら、それだけで満足です。前の夜に遅くまで出かけていて体調が悪いときでさえ、ジムに行くのなら動き出そうという気になります。きれいに見せるためのコツは何もありません。私はよく笑いますが、たぶん、それが肌を活性化させているのだと思います。

# おわりに
# 新しい目標を作りましょう

本書は、私や多くの友人がこれから出発する人生の旅を、祝福するものです。今の私たちにとって大切なことは何でしょうか。実際より若く見せるのではなく、今の年齢の自分が美しく見えること。体重計の目盛りを気にするのではなく、強い体をつくること。顔のシワを取り除くのではなく、肌をなめらかにすること。完璧を求めて闘うのではなく、今の美しさに満足すること。もっとやろうとするのではなく、シンプルにする方法を知ること。そして、多くを得ようとするのではなく、すでに持っているものを磨くことなのです。

友人や一緒に仕事をした多くの女性と話をしてきて、はっきりと分かりました。本当にこの旅を楽しんでいるのは、年齢を重ねることにポジティブで心を開いている人たちです。これから起こることを恐れてネガティブになっている人は、自分から衰えや失望を招いているだけなのです。本書が、そんな状態を変えるきっかけになってほしいと願っています。

あなたの人生は、現在進行中の偉大な仕事だということを忘れないでください。前に進むために、少し後戻りしなくてはいけないこともあります。何度も頂上があれば、それに応じて谷も経験するでしょう。自分がネガティブな状態にあると分かったら、進路を見直して、自分をポジティブな状態に戻すには何をすればいいかを見極めればいいのです。悲観的になるのは簡単ですが、心地いい気分になる何かを見つけることは、もっと簡単ではないでしょうか。私にとってそれは、健康的な食事をし、たっぷりエクササイズをし、いつも将来の計画があることなのです。

私の計画は、どうすれば自分がさらに成長して、もっといい人になれるのかを探し続け、試し続けることです。私を含め同じ年代の女性たちの前には、無限の可能性が広がっています。そして、みなさんが自分の計画を立てるときに、本書が何かの役に立つことを願ってやみません。私が49年間で学んだことを、最後に紹介しましょう。

- キャニオン・ランチのフィットネストレーナー、ブレイズが教えてくれたこと——つらいならやらない方がいい。その代わり、つらくない方法でやるべきだ。

- テレビで『オプラ・ウィンフリー』を見ていて学んだこと——体が健康で丈夫であることはいいことだ。

- ヨガのジェン・コール先生が教えてくれたこと——犬のポーズのときに手のひらを床につける方法。

- ジル・コーエンが教えてくれたこと——子どもたちと私は、見えないゴムひもでつながっているということ。

- ヨギー・ベラが思い出させてくれたこと——いくら年齢を重ねたって泣いていい。

- レオナルド・ローダーが教えてくれたこと——決して立ち止まってはいけない。

- 父、ジェームズ・ブラウンが教えてくれたこと——物事は分けて考え、一つずつやるべきだ。

- 映画『もしも昨日が選べたら』でアダム・サンドラーを見て学んだこと——面倒なことが全部なかったらいいのにと願ってはいけない。たくさんの面倒があるのが人生で、早送りなどしなくても十分に早く過ぎてしまうものだから。

- そして、夫。スティーブン・プロフカーからの最高のアドバイス——「深呼吸して」

# 参考

## 第2章

ブリス・スパ
http://www.blissout.com

ジェニーン・B・ダウニー医師
http://imagedermatology.com/index.htm

## 第4章

マリオ・ディアブ（ヘアスタイリスト）
http://www.mariodiab.com

Beautiful Collection by Clairol Professional（化粧品）
http://www.creativestudio.com

ColorMark（化粧品）
http://www.colormarkpro.com

Root Touch-Up by Nice'n Easy（化粧品）
http://www.clairol.com

## 第5章

BodyWrap（補正下着）
http://www.bodywrap.ca

ブライトスマイル（歯科医による美白）
http://www.britesmile.com

Hanro（ライクラキャミソール）
http://www.hanro.ch

Nancy Ganz（補正下着）
http://www.bodynancyganz.com

Only Hearts（ライクラキャミソール）
http://www.onlyhearts.com

Sassybax（ライクラキャミソール）
http://www.sassybax.com

SPANX
（補正下着、フットレスストッキング、ライクラキャミソール）
http://www.spanx.com

ワコール（レーザーカットブラ）
http://www.wacoal-america.com
http://www.wacoal.co.jp（日本語サイト）

## 第6章

ジェラルド・チチョラ医師(婦人科医)
Phone: +1-973-736-4505

ケニース・Y・デイビス博士
(全体観的治療/カイロプラクター)
Davis Advanced Health System
Phone: +1-201-652-2554
http://www.davisahs.com

クリスチャン・ノースラップ博士(婦人科医)
http://www.drnorthrup.com

ジョゼフ・ラファエル医師(BHRT療法)
PhysioAge Medical Group, Phone: +1-212-888-7074

ジャイロ・ロドリゲス博士(栄養学者)
Phone: +1-212-489-7494

## 第7章

デイビッド・カーシュ(フィットネス専門家)
http://www.davidkirschwellness.com

※すべて英語サイトです。

# 謝辞

## Special Thanks

ルバ・アブ - ニマー
の素晴らしい目と手に、

エイミー・バーコワーの配慮と我慢強さに、

モリーン・ケイスの
いつも変わらない支えと友情に、

ジル・コーエンの頭脳に、

マリ・クレール・カティグバック - シリック
の言葉とあなたらしさに、

そしてヘンリー・ルートワイラーのビジョン
とユーモアに、

深い感謝をささげます。

## Other Thanks

### モデル

Roshi Ameri
Nora Ariffin
Linda Arrandt
Joey Baffico
Linda Berkovic
Isisara Bey
Margie Bogdanow
Terri Borden
Lorraine Bracco
Rose Marie Bravo
Robin Brooks
Elizabeth Calderone
Phyliss Collins
Abby Cooperberg
Ann Curry
Ann D'Alessandro
Athie Daniskas
Carole Dlugasch
Elaine Douglas
Mary Dowd
Naomi Drewitz
Donna Edbril
Linda Fann
Suzanne Fee
Deborah Fitzgerald
Gayle Friscia
Shannon Gibbons
Nancy Golden
Karina Gomez
Janine Greene
Marcia Gay Harden
Andrea Herbert
Susan Hersch
Ola Itani-Chan
Julie Jackson
Patricia Kimble
Gayle King
Kelly Klein
Tiina Laakkonen
Leslie Larson
Amy Lazarus
Gunilla Linblad
Deborah Loeffler
Colleen Maloney
Dorothy Mancuso
Rita Mangan
Sara Moss
Deborah Philips
Michelle Pinkalla
Bryna Plofker
Rose Rampersaud
Amy Rosen
Alix Ross
Karen Ross
Margita Rudovic
Ruby Sampson
Susan Sarandon
Jane Sarkin
Susan Saunders
Marva Smalls
Sharon Sodikoff
Mary Steenburgen
Nancy Sturino
Lynn Tesoro
Fatim Thiam
Lisa Travis
Marie Rose Tricon
Sharon Burton Turner
Jaime Walter
Vera Wang

Barb Westfield
Quintell Williams
Vanessa Williams
Rita Wilson
Debra Winger

### エキスパート

Anna Chiommino
Dr. Gerald Ciciola
Dr. Kenneth Y. Davis
Dr. Jeanine B. Downie
Dr. Christiane Northrup
Dr. Joseph Raffaele
Dr. Jairo Rodriguez
Chris Edwards at BriteSmile
Rich Fitter at Platinum Fitness
Molly Fox
Deborah Furr at Johari
Camilla Huey
Lori Kaplan
Marcia Kilgore at Bliss Spa
David Kirsch at Madison Square Club
Sarah Robbins
Monica Trentin at Platinum Fitness

### メイクアップ

Loran Alvator
Katrina Danson
Ricki Gurtman
Gregg Hubbard
Ellice Schwab
Kimberly Soane
Sebastien Tardif
Cynde Watson-Richmond

### ヘア

Mario Diab
Genevieve Enriquez
Julie McIntosh
Alexandra Taralesca

### スタイリング

Kristen Boscaino
Deborah Medeiros-Baker

### 衣装

7 For All Mankind
BraTenders
Chantelle
Diana Heimann
Lauren Harper Collection
Lord & Taylor
Only Hearts
Pure Color Jeans
Sassybax
SPANX
Theory
Wacoal

### 写真撮影

John Cassidy
Matthias Gaggl
Daymion Mardel
Jason Nakleh

### マーケティング&パブリシティ

Ashley Badger-Wakefield
Matthew Ballast
Gretchen Berra
Candice Burd
Courtney Mulligan
Veronika Ullmer

### 特殊技能

Chris Berry
John Eaton
Ron Hill
Michelle Howry
Hirut Selek Kebede (Ruth)
Al Lewis
Raven McGrath
Karen Murgolo
David Nass
Jamie Raab
Jodi Reamer
Craig Rose
Charlotte Rowe
Katie Sturino
Hermes Zambrano